오빠 이제 그런 사람 아니다

SUBETEWA MOTERU TAMEDEARU by Hitoshi Nimura
Copyright © Hitoshi Nimura, 2012
All rights reserved.
Original Japanese edition published by EAST PRESS CO., LTD.
Korean translation copyright © 2019 by BIBIMBOOKS

This Korean edition published by arrangement with EAST PRESS CO., LTD., Tokyo, through
HonnoKizuna, Inc., Tokyo, and Botong Agency

이 책의 한국어판 저작권은 Botong Agency를 통한 저작권자와의 독점 계약으로 비빔북스가 소유합니다.
신 저작권법에 의하여 한국 내에서 보호를 받는 저작물이므로 무단전재와 무단복제를 금합니다.

★비호감 소심남 환골탈태 프로젝트★

오빠 이제 그런 사람 아니다

니무라 히토시 지음 | 김나랑 옮김

이 책을 손에 든 사람.

즉, 현대 문명사회에 살고 있고,

그럭저럭 시간적 여유가 있으며,

이 정도 문장을 읽을 수 있는 사람의 고민은

대부분 '인기가 없다.'라는 사실에서 시작한다.

그 밖의 나머지 불행은

인기를 얻기만 하면 어떻게든 해결된다.

(혹은, 견딜 수 있다.)

그렇다면, 인기 있는 사람이 되는 수밖에 없다.

종교에 귀의하거나, 초능력을 얻거나,

사업에서 성공하여 부자가 되는 일보다

인기를 얻는 편이 훨씬 위력이 있다.

"인기 있는 사람이 되고 싶다."

그렇지 않은가?

이 말에 동의한다면 한 가지만 더 생각해 보자.

당신은 왜 인기가 없을까?

본문 일러스트 | 아오키 미쓰에

본서는 일본에서 1998년에 간행된
《모든 것은 인기를 얻기 위해(すべてはモテるためである)》와
2002년에 문고판으로 간행된
《인기를 얻기 위한 철학(モテるための哲学)》을
가필한 도서의 한국어판입니다.

당신이 인기 없는 이유는
비호감이기 때문입니다.

1900년대 초반에 활동한 소설가 우치다 햣켄은 인생이라고 할 수 있는 인간 사회의 진리를 짧은 시로 적나라하게 표현했습니다.

세상사 사람이 오는 일이야말로 기쁘네
하지만 그 사람이 너는 아닐지니

이 시의 [너]를 본 순간, '[나]한테 하는 말이야?' 하고 움찔한 당신. 당신은 평소에 '이런 문제'로 고민하고 있나요? 이 책의 주제에 맞게 시를 재해석하면 아래와 같습니다.

세상 여자의 상당수는 1년 365일 누군가와의 새로운 사랑을 꿈꿉니다. 섹스를 좋아하는데 현재 사귀는 남자가 없는 여자들은 '누구 좋은 사람만 있으면 마음껏 즐길 텐데.'라고 생각하는가 하면, 섹스를 좋아하지 않는 여자들은 '나의 무성욕 증상을 고쳐 줄 사람 누구 없을까……?' 하고 내심 바라기도 하지요.

그러나 단언컨대, 그 [누구]가 결코 [당신]은 아닙니다.

[당신]이 어떤 여자를 사랑하면, 방금까지 사랑을 갈구하던("남자 만날 기회가 없어요.", "누구 좋은 사람 없을까요……?" 하고 입버릇처럼 말하던) 그녀는 바람처럼 떠나 버립니다.

아니면, [당신]은 여자가 무조건 떠난다는 사실을 '이미 예상하고 있어서' 선뜻 다가가지 못합니다.

시작부터 무슨 소리냐고 불만을 토로할 수도 있겠지만, 가슴에 손을 얹고 생각해 봅시다. 당신은 이 반복되는 패턴에 "도대체 왜!? 내가 무슨 잘못을 했다고…….."라며 분개하고 있지 않나요?

혹은, "나한테 뭔가 잘못이 있으니 어떻게든 성장(!)해서 여자들이 도망가지 않는, 인생을 제대로 즐길 줄 아는 남자가 되겠어." 하며 주먹을 불끈 쥐고 있지 않은지요?

이 책은 "당신의 평소 습관과 패션 스타일, 이런 점이 비호감입니다.", "요즘 여성들은 이런 남자를 싫어하는 경향이 있습니다."라는 식의 충고를 늘어놓는 책이 아닙니다. 그런 책을 읽으면 '성장해야겠다.'라고 마음먹었던 [당신]은 곧바로 노이로제에 걸릴 겁니다. 노이로제에 걸릴 필요는 없는데 말이죠.

그렇다고 "자신감이 없어서 여자들이 싫어하는 겁니다. 당신은 절대로 비호감이 아닙니다. 괜찮습니다! 적극적으로 행동하세요! 머뭇거리지 마세요!" 하며 용기를 북돋우는 책도 아닙니다. 비호감인 사람이 엉뚱한 자신감마저 얻으면 '다른 사람 눈에 비호감으로 비친다는 사실을 무시하는, 한층 더 비호감인 사람'이 되어 버립니다. 그러면 득이 될 게 없겠죠.

[당신]이 이 책을 끝까지 읽고 내용을 이해한다면 '당신이 왜 인기가 없는지', '그러면 어떻게 해야 하는지' 분명히 깨닫게 됩니다.

하지만, 그 두 가지를 깨달았다고 해도 [당신 나름대로] 실천하지 않으면 인기 있는 사람은 될 수 없습니다. 그리고 운도 무시할 수 없고요.

'당신 나름대로' 실천해야 한다는 말이 '책에서 일러 주는 내용을 꾸준히 실천하면 된다!'라는 뜻은 아닙니다. 각종 책에서 일러 주는 '로맨틱하게 고백하는 방법'이나 '작업에 성공하는 노하우'를 그대로 따라 하면 여자들은 점점 당신 곁을 떠나갑니다. 그런 남자들도 상당히 비호감이니까요.

당신이 '어떤 책'을 읽었는지는 중요하지 않습니다. 수상

쩍은 저자가 뻔한 소리만 늘어놓은 책이라 하더라도 막상 읽어 보면 유익한 경우도 있습니다. 사실무근의 노하우나 정보를 전수하는 테크닉 책과 트렌드 책도 가끔은 도움이 됩니다.

다시 말해, 그런 지침서 자체가 비호감인 것은 아닙니다. 마치 교과서를 암기하듯 지침서를 통째로 외우고 실전에서 써먹으려는 사람이 비호감일 뿐이죠.

하지만, 당신이 이 책을 읽고 내용을 어느 정도 이해한다면 '이 책을 포함한 모든 작업 노하우 책, 연애 지침서의 올바른 독서법(책과 적절한 거리를 취하는 법)'까지 터득할 수 있습니다.

'지금까지 무용지물이었던 각종 노하우, 정보, 정신론, 설교, 격려'가 당신에게 유익해질 테니까요. 듣기만 해도 솔깃하지 않나요?

이 책을 쓰고 있는 저는 '여성을 유혹하는 것', '아직 섹스하지 않은(처녀라는 의미가 아니라 나와 관계하지 않은 여성이라는 뜻) 야한 여성과 자는 것', '속궁합이 좋았던 상대와 다시 즐기는 것'을 무척 좋아합니다. 그런 취미를 발전시켜 정확히 말하면 그런 놈이 운 좋게도 AV 배우가 되었고, 지금은 감독을 하고 있지요. 같은 업계에서 일하는 한 선배는 "넌 이 일을 안 했으면 분명 성범죄자가 됐을 거야……."라고 하더군요. 저도 '그 말이 맞아. AV 감독이 되어서 진심으로 다행이야…….'라고 진지하게 생각하고 있습니다.

그런데 왜 AV 감독이 섹스 테크닉이 아닌 인기에 관한 책을 썼을까요?

그것은 '에로틱한 섹스를 위해서는 커뮤니케이션 능력이 절대적으로 필요하다.'라고 생각하기 때문입니다.

이 책에는 최대한 실전에 도움이 될 만한 내용을 담고자 했으니, 독자 여러분도 최대한 도움을 얻겠다는 자세로 끝까지 함께해 주시기를 바랍니다.

| 차례 |

당신이 인기 없는 이유는 비호감이기 때문입니다 ····················· 06

1장

어떻게 하면 인기가 있을까?
어떻게 하면 인기가 없을까? ····························· 16

1. 도대체 '인기'란 무엇일까? ································ 18
왜 인기를 얻고 싶은가? | 어떤 종류의 인기를 얻고 싶은가?

2. '연애 지침서'를 읽는 남자가 인기 없는 이유 ·················· 27
자의식 과잉이 원인 | 여자들의 속마음을 들어 보자

3. 당신이 인기 없는 이유는 '자신'에 대해
제대로 생각하지 않기 때문이다 ··························· 35
당신은 '단순남'인가 '소심남'인가? | '착한 남자'라 인기가 없다? |
같은 '판'에 끼다 | 인기 '있는 놈'과 '없는 놈'의 분류 |
당신은 언제, 어떤 유형이 되는가?

2장

연애를 시작하기 전에 고쳐야 할 것 ················ 48

1. 외모를 고칠 것인가? ···································· 50
콤플렉스에 대해 생각하자 | 눈물 없이 볼 수 없는 남자들의 콤플렉스 |
콤플렉스와 공존하는 법

2. 단순함을 고치자 · · · · · · 66
저질인 남자 | 인기도 없으면서 터프한 척하지 마라 | 당신은 '특별'하지 않다

3. 소심함을 고치자 · · · · · · 77
'적절한' 자신감을 갖자 | 나만의 공간을 만들자 | 거만해지지 말자 |
제일 단순하고 소심한 사람은?

4. 오타쿠 기질은 고치지 않아도 되지만 · · · · · · 94
오타쿠에게는 '나만의 공간'이 있다 |
인기 있는 오타쿠와 인기 없는 오타쿠의 차이 | 인기 없는 오타쿠의 착각 |
당신은 진심으로 인기를 얻고 싶은가?

전반부 정리 및 후반부 소개 · · · · · · 106
아직은 작업 걸지 마라

3장

어디서 만날까? 누구와 만날까? · · · · · · 114

1. 에로틱한 가게에서 연습하자 · · · · · · 116
당신은 여자들이 있는 업소를 어떻게 생각하는가? |
여자들이 있는 업소에 가기 전에 |
커뮤니케이션을 연습하러 캬바쿠라에 가자 | 민폐 손님

2. 어떻게 만날까? · · · · · · 131
이제 일반 여자를 만날 차례. 그런데 주변에 여자가 없다면? |
소셜 네트워크의 오프라인 모임을 노리자 | 상대방의 이야기를 경청하자 |
음흉한 눈빛은 금물 | 음흉한 속내를 솔직하게 드러내자

4장

어떻게 '연애'를 할까? ················· 144

1. 당신 안에 사는 슈퍼 히어로들 ················· 146
착한 남자가 되어 버린 당신 | 당신 안의 여러 캐릭터

2. 어떤 여성에게 다가갈까? ················· 156
연애를 하려면 | 섹스를 하려면 | 마스터베이션하는 여자

3. 변태적 섹스에 관해 ················· 167
변태적 성향이 있다면?

4. 당신 안의 여자 ················· 174
핑크 레인저를 의식하자 | 당신 안의 그녀의 성격을 이해하자 |
그녀와 어머니의 관계

5장

인기를 얻고 난 후에 생각한 것 ············ 186

해설 ················· 200
그 옛날 에필로그 ················· 210
진짜 에필로그 ················· 214

	그 사실에 분노하는 남자	내가 변해야겠다고 생각하는 남자
누군가를 좋아하면 십중팔구 거절당하는 남자	A①	A②
여자가 거절할까 두려워서 말을 걸지 못하는 남자	B①	B②

누군가를 좋아하면(또는, 말을 걸면) 십중팔구 거절당하는 남자를 A, 상대방이 거절할까 두려워서 말을 걸지도(또는, 좋아하지도) 못하는 남자를 B라고 합시다.

그리고 그 사실에 대해 '도대체 왜!? 내가 무슨 잘못을 했다고!' 하며 분노하는 남자를 ①, '다 내가 못난 탓이니 내가 변해야지…….' 하고 자책하는 남자를 ②로 분류합니다.

자, 여기서 잠깐. 자신의 성향은 어느 쪽인지 생각해 봅시다.

당신은 A①, A②, B①, B② 중 어느 유형에 해당하나요?

이 네 가지 유형은 다시 다룰 예정이니 미리 생각해 두세요.

· 1장 ·
어떻게 하면 인기가 있을까?
어떻게 하면 인기가 없을까?

1. 도대체 '인기'란 무엇일까?

2. '연애 지침서'를 읽는 남자가
   인기 없는 이유

3. 당신이 인기 없는 이유는 '자신'에 대해
   제대로 생각하지 않기 때문이다

1
도대체 '인기'란 무엇일까?

왜 인기를 얻고 싶은가?

도대체 왜 여자들에게 '인기를 얻고 싶은지' 생각해 본 적이 있나요? '그게 남자의 본능이니까!'라는 대답도 틀리지는 않지만, 여기서는 제외하겠습니다.

시중의 연애 서적 중 '인기란 무엇인가.'에 대해 제대로 정의 내린 책은 없습니다. 어쩌면 당신이 생각하는 '인기'와 친구가 생각하는 '인기'는 다른 개념일지도 모릅니다. 그렇다면 '당신이 진짜 원하는 인기'는 어떤 형태인가요?

이 질문을 처음에 던지는 까닭은, 자신이 '어떤 종류의 인기를 얻고 싶은지', 그리고 '왜 인기를 얻고 싶은지' 생각하는 일은 【자기 욕망의 형태를 스스로 파악하는 행위】로서 매우 중요하기 때문입니다.

'나는 무엇을 하고 싶은가? 진짜로 원하는 것은 무엇인가?'라는 생각이야말로 '나는 누구인가?'에 접근하는 물음이며, 인간은 자기 자신을 어느 정도 파악하지 못하면 '상대방과의 관계 역시 어떻게 맺어야 할지' 갈피를 잡지 못합니다.

그러니 다시 한번 생각해 보기를 바랍니다. 우선 '나는 왜 인기를 얻고 싶어 하는가?'부터 시작합시다.

▶ 인기 없는 인생보다 인기 있는 인생이 즐겁다고 생각하기 때문인가?
▶ 주변에 여자들에게 '인기 많은 남자'가 있는데, 그 남자의 일상이 즐겁고 행복해 보이기 때문인가?
▶ 그 '인기 많은 남자'는 인기가 많다고 특별히 좋아하는 것 같진 않지만, 그래도 '당신의 인기 없는 인생'보다는 나아 보이기 때문인가?
▶ 당신은 자존심과 자부심이 강한 편이라, 모자랄 데 없

는(또는, 남보다 낫거나 위대한) 자신이 '인기가 없는 현실'은 '뭔가 잘못됐다.'라고 생각해서인가?
- ▶ 아니면 '아무리 내가 못났기로서니 여자들과 친해질 권리 정도는 있잖아.'라고 생각해서인가?
- ▶ 섹스를 하고 싶어서인가?
- ▶ 결혼을 하고 싶어서인가?
- ▶ 연애를 하고 싶어서인가? (비교적 구체적인 목적인 섹스와 결혼은 그렇다 치고) '연애를 한다.'라는 말은 당신에게 정확히 무슨 의미인가? 당신이 어떤 여자를 좋아하고, 그 여자 역시 당신을 좋아하는 상태를 뜻하는가?
- ▶ 계속 인기 없는 채로 지내면 '미래가 불안'하기 때문인가?

어떤 종류의 인기를 얻고 싶은가?

다음으로 당신이 생각하는 '진짜 인기'는 어떤 형태인지 생각해 봅시다. 당신은 구체적으로 '어떤 인기'를 원하나요?

지금부터 '당신이 어떤 종류의 인기를 원하는지', '어떤 상태가 되기를 바라며 이 책을 읽는지' 예시를 나열해 보겠습니다. 건성으로 훑으면 혼란스러울 수 있으므로 '자신이 어떤 경우에 해당하는지' 생각하며 찬찬히 읽어 보시기를 바랍니다.

- ▶ 먼저, 인기 있는 남자는 '섹스를 마음껏 할 수 있는 사람'이라고 생각한다는 가정하에, 당신은 누구와 섹스하고 싶은가? 여자라면 아무나 상관없는가?
- ▶ 그렇다면 그 이유는 무엇인가? '태어나서 섹스를 한 번도 못 해봤기 때문에 일단 해 보고 싶다.'인가?
- ▶ 유흥업소를 이용해 본 적은 있지만, '돈을 내고 하는 섹스만으로는 성에 차지 않아. 남자로서 불완전해.'라는 생각이 들어서인가?
- ▶ 즉, 당신은 '섹스 경험이 없는 자신', 또는 '매춘밖에 못 해 본 자신'이 혐오스러우며, 사랑하는 사람과 섹스를 할 수 있게 된다면 자신이 변화하리라 생각하는가?
- ▶ 아니면 당신은 '돈이 들지 않는 섹스'에 맛이 들었기 때문인가? 너무 하고 싶어서 도저히 참을 수가 없는가?
- ▶ 아니면 당신은 지금까지 '사랑', '연애', '가벼운 교제', '상대에게 돈을 지불할 필요 없는 섹스'를 여러 번 경험해 봤지만, 그런데도 아직 부족하다고 느끼는가? '좀

더 확실한 인기'를 원하는가?

▶ 그렇다면 '좀 더 확실한 인기'란 무엇인가?

▶ 당신이 '호감'을 느끼는 여자가 모두 당신과 섹스하고 싶어 하는 상태를 원하는가?

▶ 당신은 과거의 연인들과 오랫동안 교제를 이어가지 못하고 번번이 차이기만 했는가? 그렇다면 당신에게 '좀 더 확실한 인기'란, 사이가 가까워진 여자나 몇 번 섹스한 여자에게 차이지 않고 '계속 사귀는 것'을 의미하는가?

▶ 당신은 지금 애인이나 아내가 있는데, 그녀가 언젠가 떠나 버릴지도 모른다는 생각에 관계를 더 확실히 하고 싶은 것인가?

▶ 아니면 당신은 지금 애인이나 아내가 있지만, 다른 여자들에게도 호감을 얻고 싶은가?

▶ 당신은 여자를 너무 좋아해서 주변에 한 명이라도 더 많은 여자를 두고 싶은가? 당신은 [여성들과 친밀하게 지내는 자신]의 모습을 좋아하는가?

▶ 가능한 한 많은 여성과 책임지지 않아도 되는 섹스를 즐기고 싶은가? 그렇다면 그건 섹스라는 행위가 즐겁기 때문인가?

- 혹은, [여러 여자와 섹스를 즐길 수 있는 자신]의 모습이 만족스러워서 그 기회를 조금이라도 늘리고 싶은가? 아니면 아직은 아니지만, 그런 남자가 되고 싶은 것인가?
- 섹스는 많이 못 해도 좋으니 주변의 여성들이 '당신 참 멋지다.'라고 생각하는 남자가 되고 싶은가?
- 그보다는 '여자들이 싫어하지만 않았으면 좋겠다.' 정도의 소극적인 바람인가? 아니면 아줌마와 남성을 포함한 모든 [타인]이 자신을 싫어하지 않았으면 하는가? '타인이 호감을 느끼는 대상'이라는 의미의 인기 얻는 법을 배우고 싶은 것인가?
- 혹시 인기 있는 남자는 '결혼 상대를 마음대로 고를 수 있는 사람'이라고 생각하는가? 그렇다면 당신은 어떤 여자를 고를 것인가?
- 집안일을 살뜰히 해내고 당신을 내조해 주는 야무진 여자인가?
- 속궁합이 좋은 여자인가?
- 현재 사귀고 싶은, 또는 결혼하고 싶은 여자가 있지만, 그녀에게 거절당할까 봐 두려워서 고백을 못 하고 있는가?

- 아니면 당신은 [좋아하는 여자에게 고백하지 못하는 자신]을 혐오하나, 그 여자와 사귈 수만 있다면 자신이 변화하리라 생각하는가?
- 아니면 당신은 연예인, 또는 게임이나 애니메이션에 나오는 여자 캐릭터 중에 이상형이 있으나, 다시 말해 '어떤 스타일의 여자와 어떤 연애를 하고 싶다.'라는 이미지(망상?)가 확고하나, 그런 여자가 현실에 나타났을 때 그녀에게 사랑받을 자신이 없어서 미리 멋진 남자가 되고 싶은 것인가?
- 그것도 아니라면 사귀던 애인에게 차인 지 얼마 안 돼서 자신감도 바닥나고 앞으로 어떻게 해야 할지 막막한 상태인가?
- 전 여자 친구와 어떻게 시작했는지(시작할 수 있었는지) 도저히 기억나지 않아서 다시 [애인 만드는 법]을 배우고 싶은가?
- '사랑이 무엇인지', '연애가 무엇인지' 아직 잘 모르지만, 어쨌든 세상 사람들이 말하는 [애인]이라는 존재가 한 명 있었으면 좋겠는가?
- 그 '애인 한 명'은 어떤 사람인가?
- 세속적인 기준으로 [같이 걸어갈 때 부끄럽지 않은 수

준의 외모]를 가진 애인인가?
- ▶ 남들이 부러워할 만한 엄청난 미인을 원하는가?
- ▶ 당신을 오롯이 사랑해 주는 정숙한 애인을 원하는가?
- ▶ 정숙하기만 하면 못생겨도 상관없는가?
- ▶ 아무래도 너무 못생기면 곤란한가?
- ▶ 그런데 '오롯이 사랑해 준다.'라는 말은 무슨 의미인가? '정숙'이란 단어의 사전적 정의와는 별개로 당신에게는 어떤 의미인가? 당신 외의 다른 남자는 거들떠보지 않고 절대로 바람피우지 않는다는 뜻인가?
- ▶ 당신은 한 명이 아닌 여러 명의 '애인'을 바라는가?
- ▶ 혹시 당신은 [섹스], [애인], [사랑] 같은 복잡한 것을 원하는 게 아니라 '그냥 유흥업소에서 (이왕이면 돈을 안 써도) 반겨 주는' 남자가 되고 싶은가?

……하나하나 읽느라 대단히 수고하셨습니다. 이처럼 세상에는 '당신이 생각하는 인기' 외에도 여러 형태의 인기가 있습니다.

이 중에 당신이 인기를 얻고 싶은 이유, 당신이 원하는 형태의 인기가 있었나요? 아니면 여러 가지가 합쳐진 복합형인가요?

혹시 딱 들어맞는 항목이 없었나요? 그렇다면 여기서 잠시 읽는 것을 멈추고 '난 왜 인기를 얻고 싶어 하는가? 어떤 종류의 인기를 얻고 싶은 것일까?'를 곰곰이 생각하면서 당신 나름의 답을 찾아보기를 바랍니다. 짧은 문장으로 적어봐도 좋습니다.

2
'연애 지침서'를 읽는 남자가 인기 없는 이유

자의식 과잉이 원인

당신이 어떤 종류의 인기를 원하는 사람인지, 외모는 어떻고 나이는 몇이고 어떤 일상을 보내는 사람인지는 모릅니다. 하지만 '난 이미 인기가 많으니 더는 필요 없어.'라고 확신하는 사람이나, '좀 더 인기가 있으면 좋겠지만, 지금도 나쁘지 않아. 여자가 없어서 미칠 지경은 아니야.' 하고 여유를 부리는 사람은 이 책을 읽으면서 코웃음을 치리라 생각합니다. (그렇다고 코웃음 치는 독자를 외면할 마음은 없습니다.

오히려 그런 분들도 읽었으면 하는 바람이죠.) 그래도 우선은 이 책을 절실한 마음으로 읽는 분들, 자신을 인기 없는 사람이라 생각하는 분들을 주요 독자로 가정하고 써 내려가고자 합니다.

당신은 현재 인기가 없습니다. 하지만, 지금 상태에 안주하고 싶어 하지 않습니다. 어떻게 하면 여자들의 마음을 얻을 수 있을지 '연애 지침서'나 '작업 노하우 책'을 붙들고 진지하게 연구한 사람도 있을 겁니다.

그러나 서두에서 밝혔듯이(어쩌면 당신도 이미 깨달았을지도 모르지만), 인기가 없는 당신이 눈에 불을 켜고 연애 지침서를 탐독하면 탐독할수록 주위에서는 당신을 '왠지 비호감인 사람'으로 느끼게 마련입니다.

인제 와서 '그런 책(이 책도 포함합니다)을 읽는다.'라는 사실을 숨긴 채 시치미를 떼고 여자에게 고백하거나 작업을 걸어 봐야 시간 낭비입니다.

왜냐하면, 당신이 좋아하는 그녀는, 당신이 그런 책에서 추천하는 (전혀 어울리지 않는) 패션과 기교와 화법으로 무장하고 있다는 사실을 눈치채고 있기 때문이죠. 이건 장담합니다.

"그런 장담 하지 마! 도대체 왜? 열심히 노력하고 있을 뿐인데 뭐가 잘못됐다는 거야!?"라는 질문에 대답하자면, 좀 이른 감이 있지만 여기서 '이 책의 한 가지 결론'이 등장합니다.

당신이 그 여자의 마음을 사로잡지 못하는 까닭은, 당신이 그 여자에게 '비호감인 사람'이기 때문입니다. 그리고 그녀가 당신을 비호감으로 느끼는 이유는 두 가지입니다.

첫째, 당신은 그녀 앞에서 자의식 과잉 상태에 있다.

둘째, 당신은 그녀와의 관계에 대해 제대로 생각하지 않고 있다.

여자들의 속마음을 들어 보자

다수의 여성에게 '연애 지침서를 읽는 남자'에 대해 어떻게 생각하는지 물었습니다. 아래의 대화는 여러 명의 의견을 종합하여 마치 한 사람과 인터뷰를 하듯 정리한 내용입니다.

니무라 인기 없는 남자가 이런 책을 쓰게 됐습니다.

[여성] 재미있는 일 하시네요.

[니무라] 우리 같은 남자가 인기를 얻으려면 대체 어떻게 해야 할까요?

[여성] 첫 번째로, 연애의 기술을 짚어 주는 책 종류는 아예 읽지 말 것. 읽는 순간 그 사람은 끝이죠. 아니, 서점의 그런 책 코너에서 어슬렁대야겠다는 발상부터가 이미 최악이에요.

[니무라] 시작하자마자 독설이 쏟아지는군요.

[여성] '비즈니스에서 성공하는 방법' 같은 책을 들고 다니는 진짜 일 못 할 것 같은 남자들 많잖아요? 그 책을 돈 주고 산 시점에 이미 그 책 저자한테 당한 거예요. 비즈니스 면에서.

[니무라] 저도 처음엔 그렇게 생각했는데 읽어 보면 의외로 좋은 내용도 있어요…….

[여성] 책 내용이 안 좋다는 말이 아니에요. 그런 책만 열심히 읽으면 어떻게든 될 거라고 생각하는 정신 자체가 여자들한테 인기를 못 얻는 결정적인 이유라고요.

[니무라] (맞는 말이라고 생각하는 한편, 점점 화가 나기 시작) 어떻게 하면 여자랑 대화할 수 있을까, 가까워질 수 있을까, 꽤 중요한 문제잖아요. 어쩌면 남자 인생에서 가장 중요한 문

제일지도 모르는데, 남자가 성인이 되는 과정에서 그걸 가르쳐 주는 사람은 아무도 없단 말이죠.

여성) 연애 지침서를 읽지 않아도 사방에 힌트가 널려 있잖아요. 처음에는 드라마나 영화, 사회자가 아이돌에게 넉살 좋게 얘기하는 예능 방송 따위를 보면서 자기 감성에 맞는 걸 찾아야죠. 그대로 따라 하면 들통날 테니 그걸 참고해서 자기 나름대로 연구하면 되는 거예요.

니무라) 요즘 방송에 나오는 방법이 체질적으로 안 맞는 남자들은 어떻게 하라고요?

여성) 그럼 옛날 소설이든 마니아 만화든 자기 취향에 맞는 장르에서 배우면 되죠. 왜 그런 데는 머리를 안 쓰는 걸까요. 하나부터 열까지 본인이 생각해 내라는 말이 아니라고요.

니무라) 아, 예······.

여성) 그리고 말이에요, 연애 지침서는 여자 전체를 대상으로 한 공략법을 가르쳐 주잖아요? 기껏해야 B형은 이렇게 공략하라, 공주님 유형은 이렇게 접근하고, 센 언니 유형은 이렇게 노려라, 하고 분류한 정도고요. 대체 [나]는 어디에 있죠? 내 마음을 움직이고 싶은 거잖아요? 더군다나 책에 적혀 있는 방법을 그대로 모방하면 거기에는 [상대방]조차 없는 거라고요. 연애와 섹스의 방식은 한 사람 한 사람 미묘하게 다르고, 그래서 더 재미있는 건데.

니무라 ······.

여성 그런 사람은 나를 좋아하는 게 아니라, 그냥 '여자 친구가 갖고 싶을 뿐'이에요. 아무나 상관없으니 그냥 남자 친구가 있었으면 좋겠다고 타령하는 바보 같은 여자들도 많으니까 끼리끼리 어울리면 되겠네요. 아, 그런 바보 같은 여자는 꼭 나중에 남자 얼굴이 어떻다는 둥 성격이 어떻다는 둥 말이 많아요. 남자도 바보일수록 그렇잖아요? 그러니 둘이 만난다 해도 금방 실망하고 틀어져서 서로에게 상처만 되겠죠······.

아, 반박할 수가 없습니다. (분하지만,) 지금까지의 행동을 되돌아봅시다.

당신이 이제껏 '어떻게 인기를 얻을까'에 대한(예를 들어, '어떤 옷을 입으면 여자들의 호감을 얻을 수 있을지', '어떤 시점에 어떤 화제를 꺼내면 여자와 대화를 이어갈 수 있을지', '나는 어떤 여자와 잘 맞을지' 등에 대한) 판단을 연애 지침서에 의존해 왔다면, 그 이유는 무엇이었나요?

서두에서부터 쉴 새 없이 질문을 던진 까닭은 이 책이 '스스로 생각하는 훈련'을 시키는 귀찮은 책이기 때문입니다.

무슨 의미인지 이해가 안 된다면 즉시 읽는 것을 멈추고 '나도 이런 유형에 해당하나?', '저자는 대체 무슨 생각으로 이런 말을 썼을까?' 하고 차근차근 생각해 봅시다.

책에 쓰인 활자라고 무조건 신뢰해선 안 된다는 말은 이 책을 읽을 때도 해당합니다. 그리고 '읽는 사람 마음대로 읽는 속도를 정할 수 있다.'라는 점이야말로 독서라는 행위의 장점이지요.

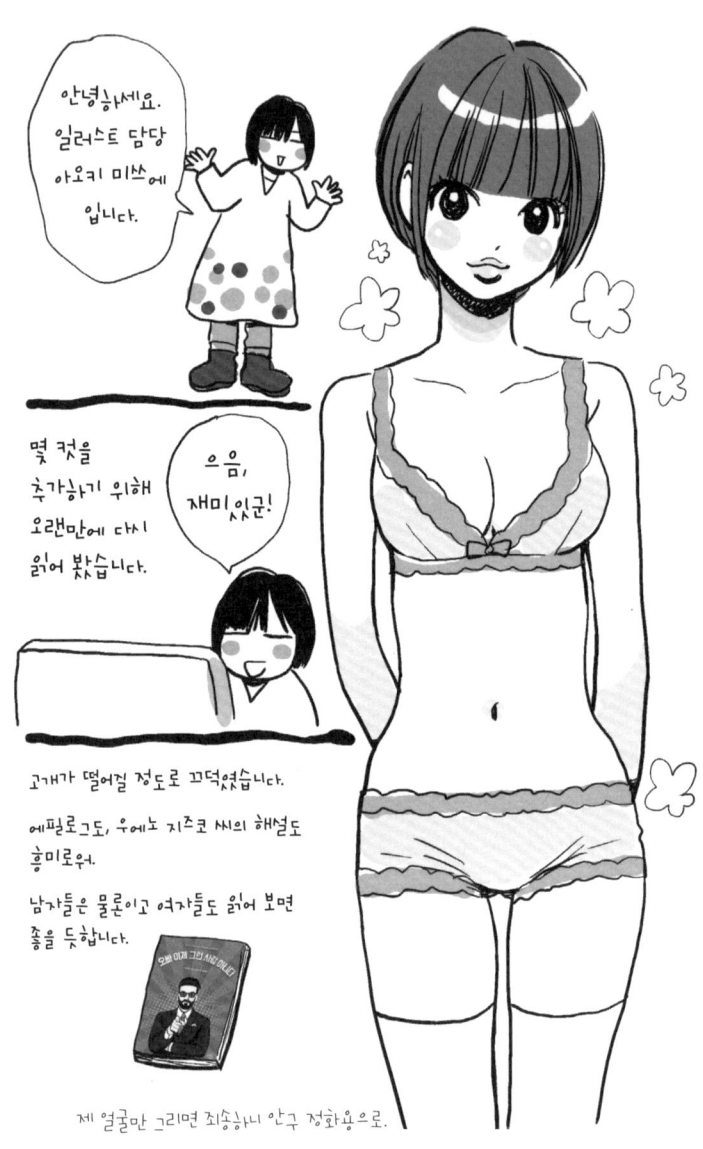

3
당신이 인기 없는 이유는 '자신'에 대해 제대로 생각하지 않기 때문이다

당신은 '단순남'인가 '소심남'인가?

자신의 사랑과 연애에 대해 스스로 생각하지 않는 사람은 두 부류로 나뉩니다.

하나는 연애, 사랑, 성(性)과 관련된 문제뿐 아니라 만사에 생각할 줄 모르며, 특히 문제가 복잡해지면 생각하는 것 자체를 귀찮아하는 사람입니다.

다른 하나는 이미 오랫동안 생각하고 또 생각했지만, 답을 찾지 못하는 사람입니다. 수학이나 업무와 관련된 문제는 척척 해결하면서도 연애와 성에 관해서는 데이터가 부족해서 결론을 도출하지 못합니다. 그러고는 자신은 센스가 없다고 좌절하거나 한참 고민해도 답을 모르겠다고 체념하지요. ……요컨대 자기 힘으로 정답을 찾을 자신이 없는 데다, 틀린 답을 골라서 상대방이 싫어할까 봐 두려운 것입니다.

- ▶ 원래부터 생각하는 습관이 없었다. → 단순남
- ▶ 너무 생각하다가 소심해져서 제대로 생각을 못 하게 되었다. → 소심남

여자들이 비호감으로 생각하는 남자를 위의 두 가지 유형으로 분류합니다.

'착한 남자'라 인기가 없다?

그런데 현실에는 '여자들이 비호감으로 느끼지 않는데도 인기가 없는 남자'가 많습니다. 어쩌면 그런 사람들은 이 책을 읽지 않을지도 모르겠군요.

만약 이 책의 독자 중 '비호감이 아닌 남자'가 있다면 계속 '비호감'이라는 말만 반복해서 송구합니다. 당신은 '자의

식 과잉'도 아니거니와 '단순남'도 아닙니다. '비호감이 아닌데도 인기가 없는 남자'는 '너무 착한 남자'인 나머지, 상대방 앞에서 '연애 모드'나 '에로 모드'로 전환하지 못해 인기가 없을 뿐, 여자들이 싫어하는 것은 아닙니다. 아마 그녀는 당신에게 성욕이 있는 줄은 꿈에도 모르고 있을 테지요. 어쩌면 당신의 '소극적인 성향'이 그녀에게 전염되어 있을지도 모르고요.

그런데 이 경우와는 달리 '사회인으로서는 그다지 비호감이 아니지만, 개인적인 교제, 즉 여자에게 연애나 섹스 상대로 다가갈 때만 비호감으로 느껴지는 남자'도 있습니다.

그런 사람은 좋아하는 여자가 앞에 있으면 갑자기 자의식 과잉이 되거나 자기 머리로 생각하는 기능이 마비되어, '그녀'와 '연애'에 한해서만 비호감인 남자로 변하는 것이죠.

따라서 '난 회사에서 비호감이란 소리는 한 번도 들어본 적 없다고. 근데 이 책은 뭐야? 비호감이라고 단정 짓다니 불쾌해.'라는 사람도, 괴롭겠지만, 어쩌면 내 얘기일지도 모른다는 생각으로 읽어 주시기 바랍니다.

앞에서 착한 남자가 인기 없는 원인을 비호감이 아닌 소극적 성향 때문이라고 설명했는데, 예외적인 경우도 있습니다. 이 세상에는 '자신의 소극적인 성향을 지나치게 의식해서 비호감인 사람', '자기 자신을 「착한 남자」라고 생각하는 모습이 타인이 보기에 비호감인 사람'도 있기 때문이죠. (아니, 제법 많습니다.)

자신이 비호감인지 아닌지는 혼자서 판단하기 어려우므로, 이를 지적해 줄 친구가 없어 걱정되는 사람은 '아, 내가 「착한 남자」라서 인기가 없었던 거구나.' 하고 안심하지 말고 '역시 내가 비호감이라 인기가 없는 건지도 모르겠어.'라는 생각으로 끝까지 함께해 주시기를 바랍니다.

같은 '판'에 끼다

여자들에게 인기가 없는 단순남이 인기를 얻으려면 자기 머리로 생각하는 사람이 되어야 합니다.

이 말을 들으면 단순남 유형의 독자들은 "한번 생각하기 시작하면 '어두운 사람'이 될 것 같아서 싫어.", "내 친구 중에 별생각 없이 사는데도 멋있고 인기 많은 녀석이 있어. 나도 그런 남자가 되고 싶다고. 단순남도 인기를 얻는 방법이 있을 거 아니야?"라며 불만을 토로할지도 모릅니다.

반면, 소심남 유형의 독자들은 "내가 성격이 소심하고 어두워서 인기가 없다는 건 알고 있어. 난 '밝아지는 법', '단순해지는 법'을 배우고 싶은데 왜 이 책은 자꾸 '생각'을 하라는 거야? 너무 많이 생각하다가 더 어두워지면 어떡해?" 하고 걱정할 수도 있습니다.

당신이 아는 '밝고 단순한데 멋있고 인기 많은 남자'는 단지 '잘생겨서', 또는 '돈이 많아서' 여자들에게 호감을 얻는 것이 절대로 아닙니다.

성격이 밝고 인기 많은 그들은 '사실 아주 똑똑해서 이것저것 진지하게 생각하면서도 교묘하게 단순남 행세'를 하고 있거나, '진짜 단순해서 아무 생각이 없는데도, 순간적으로 「열심히 생각했을 때와 똑같은 결론」을 도출하여 여자들에게 호감을 사는 재능'이 있거나 둘 중 하나입니다.

무언가를 '제대로 생각하는 사람'이 '어둡고 무겁다.'라는 생각은 편견입니다. 어두운 사람은 아무런 결론도 내지 못하고 '쳇바퀴 돌 듯 하염없이 생각만 하는 사람'이니까요.

제대로 생각할 수만 있다면 어쨌든 결론이 나옵니다. 여기서 '제대로 생각한다.'라는 말은 어떻게 행동해야 할지 결론이 나올 때까지 (남이 내린 결론에 의존하지 않고 자기 머리로) 생각한다는 의미이고, '밝다.'라는 말은 그 행동을 실행

할 의지가 있는 것으로 간주합니다. 그리고 상대방과 자신의 관계에 대해 제대로 생각한다는 것은 '상대방과 같은 판에 들어가서 같은 규칙을 지키며 함께 즐기는 방법을 생각해 낸다.'라는 뜻입니다.

'진짜 단순남인데 인기 있는 녀석'은 본인이 '생각을 하고 있다.'라는 사실을 미처 깨닫기도 전에 순간적으로 여자와 [같은 판, 같은 규칙]에 도달하는 재능이 있습니다. 머리가 아니라 반사 신경을 이용하는 셈이죠. 그야말로 놀라운 '재능' 아닌가요?

하지만, 그런 재능이 저절로 생기지는 않았을 겁니다. 어렸을 때부터 끊임없이 훈련한 성과(환경이나 교육이 좋았거나, 반대로 어려웠기 때문)일지도 모르죠. 어쨌거나 분명한 건 당신에게는 그런 재능이 없다는 사실입니다.

운동이나 노래 실력과 마찬가지입니다. 재능이 없는데 아무런 노력도 하지 않고 '나랑 별로 차이도 없는데 왜 저 녀석만 인기가 많지? 저 녀석처럼 될 수 있는 요령이 없을까?' 하고 비뚤어진 생각을 하는 것과 같습니다.

색안경을 끼지 말고 그들의 재능에 경의를 표하면서(아니면 열렬히 미워하면서) 나름대로 노력하는 수밖에 없습니다.

같은 판에 끼는 건 좋은데 남들이 봤을 때
눈살이 찌푸려지는
커플도 있다.
요주의!

당신은 대체 왜 그 모양이야!

앗, 너무 예쁘게 그렸다.

아니, 그게 하하하

우리 와이프가 무섭다니까.

아는 커플 중에, 사소한 일로 툭하면 화를 내는(다른 사람 앞에서 오만한) 아내와 껄껄 웃으며 사과하는 남편이 있습니다. 서로 죽이 맞는 건 알겠는데, 아내가 별다른 능력(?)도 없으면서 오만하게 행동하니 같이 있는 내내 가시방석에 앉은 기분입니다. 게다가 이 여자, 성격도 안 좋은데 얼굴까지 못생겼다니까요. 둘이 지지고 볶는 건 좋지만,
　　　　　　　　　때와 장소를 가립시다~!

인기 '있는 놈'과 '없는 놈'의 분류

인기 없는 사람, 즉 [불쾌한 단순남]과 [어두운 사람]은 내면의 상태에 따라 또다시 두 가지 유형으로 분류할 수 있습니다.

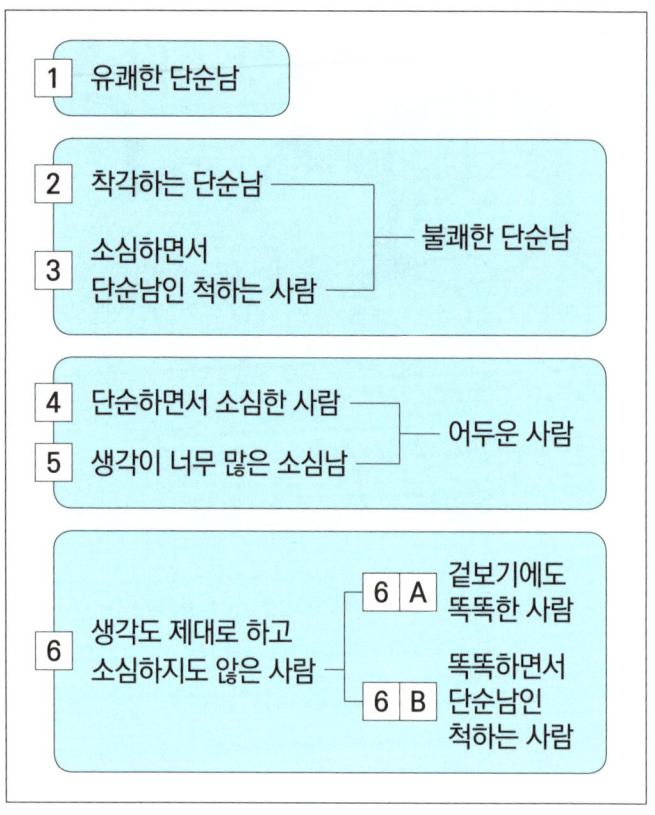

'진짜 단순남인데 인기 있는 녀석'은 1에 해당합니다.

2~5가 '비호감'으로 느껴지는 사람입니다. 17쪽 질문을 떠올려 봅시다.

2 → A①, 3 → A②, 4 → B①, 5 → B②에 대응하며, 1과 6이 '인기를 얻을 가능성이 있는 사람'입니다.

3~5는 인기를 얻을 가능성이 전혀 없습니다.

2도 기본적으로 인기는 없습니다. '비호감인데도 인기가 있는 사람'이 간혹 있긴 하나, 의도적으로 노력해서 인기를 얻게 된 것은 아닙니다. 다시 말해 세상의 시선으로 보면 비호감이지만, 그를 좋아하는 여사의 눈에는 비호감이 아니지요. 즉, 그녀에게는 더할 나위 없는 1로 보입니다.(아니, 6 A일 가능성도 있습니다.)

그런데 어쩌면 그 남자가 인기 있다고 생각하는 사람은 본인과 주변 남자들뿐이고, 여자들은 그를 단지 강압적 성행위를 반복하고 있는 놈이라고 생각할 수도 있습니다. 물론 그런 사람은 언젠가 잡혀갈 수도 있겠지요.

단순남은 '낙천적인 자의식 과잉', 어두운 소심남은 '비관적인 자의식 과잉' 상태에 있습니다.

아마 2에 해당하는 독자는 자신이 자의식 과잉이라고

생각조차 해 본 적이 없을 겁니다.

2가 1을 부러워하는 것과 마찬가지로 3에 해당하는 사람은 자신과 6B의 차이도 모른 채 6B를 이유 없이 인기가 있는 사람으로 오해하고 질투합니다. 그러면 평생 여자 없이 살 각오를 해야겠지요.

3과 4와 5 중에는 어렸을 때부터 자신을 '자의식 덩어리'로 인식한 사람이 많을 겁니다. 여자의 눈에도 당신이 자의식 과잉으로 보이니 비호감이라고 생각할 수밖에 없습니다. '어떻게 하면 괜찮아 보일까? 비호감에서 벗어날 수 있을까?'에만 신경이 쓰여 점점 자의식 과잉 상태에 빠집니다. 악순환의 연속이지요.

연애 지침서 중에는 처음부터 '소심남'을 타깃으로 한 책도 많습니다. 그런 책은 대부분 "당신이 인기 없는 이유는 성격이 어둡기 때문입니다. 온라인에서 친구를 사귀세요! 모임에 나가서 여자에게 말을 걸어 보세요!"라고 설득합니다. 이는 4나 5에 해당하는 사람에게 다짜고짜 '3이나 2가 되어 보세요!' 하고 권하는 것이나 다름없습니다. 적절한 해결책이 아닌데도 시키는 대로 했다가 상황이 더욱 악화된 경험을 해 본 사람도 있을 겁니다. 소심한 성격을 고치려다 '불쾌한 단순남'이 되어 오히려 전보다 비호감 지

수가 상승하는 경우도 많지요.

"너무 고민하지 말고 단순하게 생각하세요."라는 조언과 노하우는 '6A 유형이지만, 성격이 소극적이라 인기가 없는 사람이 여자들과 섹스할 기회를 늘리고자 6B나 1이 되려고 할 때만 유효'할 뿐, 2나 3~5에 해당하는 사람에게는 사전에 여러 문제점을 해결하지 않으면 부질없는 방법입니다.

2에 해당하는 사람이 하루빨리 1이 되고 싶은 심정은 이해하지만, 앞에서 설명했듯이 마음만 앞선다고 1 유형이 될 수 있는 것은 아닙니다. 인기 없는 단순남, 즉 2 유형이 인기를 얻으려면 우선 자신이 어떤 '착각'을 하고 있는지 스스로 '생각'해서 깨달아야 합니다. 다시 말해, 일단 '소심남'이 되어야 하는 귀찮은 과정이 필요하지요.

그리고 소심남은 '자신이 소심하다는 사실'을 인정한 후 (특히 3 유형), 상대방과 자신의 관계를 제대로 생각해야만 소심함을 극복할 수 있습니다. 그러므로 해결책을 찾으려면 먼저 자신이 2~5 중 어느 유형에 해당하는지 정확히 파악해 두어야 합니다.

당신은 언제, 어떤 유형이 되는가?

 지금까지 이 세상의 모든 남자를 마치 일곱 가지 유형으로 칼같이 분류할 수 있는 양 설명했지만, 사실 인기가 있는 남자든 없는 남자든 1~6B까지 여러 면을 가지고 있습니다. 그리고 상대방의 태도, 성격, 상황에 따라 수시로 바뀌지요.

 동성 친구들 사이에서는 인기 많은 1이지만, 여자 앞에서는 5가 되는 사람도 있습니다.

 친한 친구들 사이에서는 듬직한 6A인데, 처음 보는 사람이나 권위 있는 인물 앞에서는 갑자기 4가 되어 버리는 사람도 있고요.

 또한, 세상 사람들의 시선에는 2이지만, 여자 친구의 눈에는 1이나 6으로 보이는 '국소적 인기남'도 존재합니다.

 다시 말해 '나는 어떤 상황에서, 누구를 상대할 때, 1~6 중 어떤 유형이 되는지'를 정확히 알아야 합니다.

 필자인 저는 어떤 유형인고 하니 '어렸을 때부터 5의 성향이 강했고, 지금은 기본적으로 3에 가까우나, 선입견으로 타인을 판단하는 나쁜 버릇 때문에 상대방을 가볍게 여길 때는 2, 때때로 4가 되는 놈'입니다.

· 2장 ·

연애를 시작하기 전에
고쳐야 할 것

1. 외모를 고칠 것인가?

2. 단순함을 고치자

3. 소심함을 고치자

4. 오타쿠 기질은
   고치지 않아도 되지만

1
외모를 고칠 것인가?

콤플렉스에 대해 생각하자

지금까지 인기 없는 남자의 원인을 성격과 행동에서만 살펴보았고, 얼굴이나 체취 같은 외적인 부분은 일부러 다루지 않았는데, 과연 그래도 괜찮을까요?

인기를 얻기 위해 고쳐야 할 것이 정말 '단순함'과 '소심함'뿐일까요?

남자의 인기와 그 사람이 '멋진지 추한지', '세련됐는지 아닌지'를 결정하는 신체적 조건은 관계가 없을까요?

물론, 관계가 있습니다.

하지만 육체적 콤플렉스를 지닌(지닐 수밖에 없는) 사람이 가장 먼저 해야 할 것 역시 '생각'입니다.

'이대로 있다간 평생 여자 없이 살아야 할 거야…….' 하고 끙끙대며 고민하지 말고, 그 현실을 앞으로 '어떻게 바꿔야 할지' 제대로 생각해야 합니다.

다시 한번 강조하지만, '제대로 생각한다.'라는 말은 '쳇바퀴 돌 듯 하염없이 생각만 하는 것이 아니라 어떻게 행동할지 결론까지 도출한다.'라는 의미입니다.

이번 장에서는 단순함과 소심함을 고치고 육체적 **콤플렉스**에 관해서도 진지하게 생각하는 시간을 가져 봅시다.

우선은 자신의 콤플렉스 요인을 '고칠 수 있는지', '감출 수 있는지', '둘 다 불가능한지' 잘 파악해야 합니다.

그리고 고치거나 감출 수 있는 경우에는 이를 '반드시 고쳐야 하는지', '자신이 주체적으로 고치거나 감추고 싶은지', '다른 사람들이 싫어하기 때문에 고치거나 감추는 편이 낫겠다고 생각하는 정도인지'를 구체적으로 파악합시다.

눈물 없이 볼 수 없는 남자들의 콤플렉스

흔한 콤플렉스의 예를 들어 보죠.

첫 번째, 만약 당신이 키가 작고 성장기도 끝났다면 이제 작은 키는 고칠 방법이 없습니다. 좋아하는 여자 앞에서 키를 감출 수도 없지요. 요즘에는 키 높이 신발로 눈속임을 하기도 하지만, 가끔 만나는 사람이나, 앞에서 신발 벗을 일이 없는 상대가 아니면 효과가 없습니다.

두 번째, 탈모는 고치기 힘든 대표적인 콤플렉스입니다. 감추는 방법이 있긴 하나, 돈을 들이지 않고 어설프게 감췄다가는 (머리 스타일을 바꾸는 등) 놀림감이 되기 십상입니다. 믿을 만한 브랜드에서 고가의 가발을 맞춰 쓰면 들통날 확률은 낮겠지만, 다른 사람의 눈을 일시적으로 속이려는 것이라면 몰라도 사랑이 무르익으면 언젠가 그녀 앞에서 가발을 벗을 날이 옵니다. 그럴 바에야 아예 삭발하는 것도 하나의 방법입니다.

세 번째, 심한 여드름이나 아토피성 피부는 질병입니다.

주변에서 아무리 병이니까 부끄러워할 필요 없다고 위로한들 본인이 부끄러우면 귀에 들어오지 않습니다. 치료하는 데도 시간이 걸립니다. 체질 문제라 뾰족한 방법은 없지만, 그렇다고 포기할 수는 없지요. 병이니까 '고치려고 노력하는 편'이 좋습니다. 인기를 얻고 싶다면 자신의 의지로 고치려고 노력합시다. 좋은 병원을 수소문해서 찾아가고, 환경이나 스트레스 요인은 없는지 살펴봅시다.

네 번째, 지나치게 뚱뚱하거나 마른 체형은 감출 수가 없습니다. 그러니 남의 눈을 속이기 위힌 몸치장은 하지 않는 편이 낫습니다. 체형은 고치려고 마음만 먹으면 개선될 여지가 있을 뿐 아니라, 사실 반드시 고쳐야만 하는 것도 아닙니다.

하지만, 병적인 비만은 인기 여부를 떠나 조속히 고치는 편이 좋으므로 자신에게 맞는 다이어트 방법을 찾아봅시다. 만약 자신이 '적당한 비만'인지 '병적인 비만'인지 판단이 안 선다면 의사에게 건강 진단을 받아 보는 것을 추천합니다.

보기 흉할 정도로 마른 사람은 먹는 양을 늘리고 (위가 약한 사람은 먼저 위부터 치료한 후) 몸을 관리하면 멋진 체형을 만들 수 있지만, 몸매가 좋아졌다고 매일같이 민소매만 입으면서 근육을 자랑하는 남자는 매우 비호감이니 주의합시다. 몸 자랑은 적절한 시점에 적절한 상대에게 해야 진가를 발휘하니까요.

어떤 남자가 좋아하는 여자에게 "네가 싫은 건 아닌데 뚱뚱한 체형이 마음에 안 들어."라는 말을 듣고는, 몇 주 후 "널 위해 다이어트를 했어." 하고 정말로 살을 빼서 그녀 앞에 나타났다고 칩시다. 만약 상대방이 그런 노력에 감동하는 여자라면 높은 점수를 딸 수 있겠지만, 사실 뚱뚱한 체형이 마음에 들지 않는다는 말은 핑계였고 실제로는 당신의 내면이 싫었던 경우라면 '아, 이 남자 끈질기네.'라는 반응을 보일 겁니다.

참고로 주위 사람들에게 "다이어트 너무 힘들어."라며 앓는 소리만 하고, 자기 딴에는 노력했겠지만, 살은 조금도 빠지지 않은 남자를 여자들은 말만 많다며 질색합니다.

다섯 번째, 착색된 치아와 비뚤어진 치열도 감출 수 없습니다. 웃을 때 입을 다물거나 손으로 가리지 말고 실력 있는 치과에 찾아갑시다. 당장 치료할 정도는 아니라는 진단을 받으면 선택은 당신의 몫입니다. 치료 기간은 어느 정도 걸리는지, 보험 적용이 안 된다면 비용은 얼마나 드는지 따져서 결정해야겠지요.

의학의 힘을 빌려 치열을 교정하고 비만을 치료했다고 예전의 당신을 아는 사람들이 '어머, 저렇게까지 무리해서 고쳤어? (소름 끼쳐…….)'라고 생각하지는 않습니다. 치열과 비만으로 고민해 본 적 없는 사람들도 당사자의 노력과 고통을 짐작할 수 있기 때문이죠.

여섯 번째, 만약 당신이 몸에 털이 많아 스트레스를 받는다면, 여자들이 좋아하든 싫어하든 상관없이, 그리고 자연스럽든 아니든 관계없이 제모를 하는 편이 좋습니다. 매일 직접 털을 밀거나 비싼 관리실에 다녀서라도 오늘 당장 시작합시다. 이것도 콤플렉스와 공존하는 한 가지 방법입니다. '털 많은 남자를 좋아하는 여자도 있어.'라고 생각한다면 그냥 두는 편이 돈도 수고도 덜 드는 공존 방법이겠지요.

오히려 '난 털이 많아서 멋있어.'라고 생각하는 사람은 콤플렉스를 매력으로 승화한 사람입니다. 하지만 "털이 없으면 여자들이 좋아하지 않아!"라든가 "자고로 남자라면 털이 많아야지!"라고 주장하는 사람은 다른 의미에서 비호감이 되어 버리니 주의합시다.

혹시 당신이 '세상의 모든 여자가 털 많은 남자를 무조건 싫어한다.'라고 생각한다면 제모 회사 광고에 세뇌당한 탓인지도 모릅니다. '모든', '무조건'은 지나친 과장입니다. 남자들의 불안 심리를 이용한 장삿속이니 넘어가지 않도록 합시다.

세상에는 털 많은 남자를 좋아하는 여자도, 인기 많은 털북숭이 남자도 얼마든지 있습니다. 물론 털이 많다는 이유만으로 다른 장점은 모조리 무시해 버리는 여자도 많습니다. 그렇다고 털 많은 남자는 절대로 싫다는 여성에게 "당신을 위해 털을 밀었어요. 봐요, 얼마나 반들반들한지." 하고 들이댄다면 오히려 비호감으로 여겨질 수 있습니다. 앞에서 얘기한 풍풍한 남자와 마찬가지죠.

하물며 제모를 하는 것도 아니고 안 하는 것도 아니고, '이렇게 털이 많으니 여자한테 말 걸 자격도 없어······.' 하며 날마다 자기 비관하는 사람은, 그럴 시간이 있으면 한 명이라도 더 많은 여자와 만나기 위해 노력하기를 바랍니다. 그중에 털 많은 남자가 이상형인 여자가 있기를 간절히 바라면서요.

일곱 번째, 진성 포경은 곧바로 수술해야 합니다. 노폐물이 쌓여 냄새가 날 뿐 아니라 음경암이 발생할 가능성도 크기 때문입니다. 하지만 가성 포경은 수술할 필요도 없거니와 부끄러워할 필요도 없습니다. 오히려 수술하면 자위할 때 (포피의 왕복 거리가 짧아져 땅기기 때문에) 만족감이 떨어진다는 말까지 있습니다. 저도 가성 포경이지만, (수술을 하지 않아 진위는 확인할 수 없으나) 그 말이 사실이라면 치료를 하면서 잃는 것이 너무 크다는 생각이 드네요……. 여자들이 가성 포경을 싫어하는 이유는 목욕할 때 포피를 젖히고 깨끗이 씻지 않아서 생기는 불쾌한 냄새를 펠라티오(fellatio. 여성이 입술이나 혀로 남성의 성기를 애무하는 구강성교의 하나)를 하면서 맡아야 하기 때문입니다. 즉, 포피의 문제가 아니라 비위생적인 습관이 문제지요.

이따금 남자들이 (심지어 처음 보다시피 한 남자들이) 제게 "저, 조루인데요……."라며 고민을 털어놓곤 합니다. 왜 AV 감독은 조루에 대해서 잘 알 거로 생각하는지도 의문이고, 조루를 어떻게 치료해야 하는지는 저도 궁금합니다. 아, 혹시 조루가 아니면 배우를 시켜 달라는 메시지였을까요? 어쨌든 저도 잘 모르는 분야지만, 일단 "삽입하기 전에 할 건 제대로 하세요?"라고 물어봅니다. 쉽게 말해 '애무나 쿤닐링구스(cunnilingus. 남성이 입술이나 혀로 여성의 성기를 애무하는 구강성교의 하나)는 제대로 하세요?'라는 의미죠.

추측건대 조루 자체가 문제라기보다 '조루로 고민한다는 점'이 문제라고 생각합니다. 여자들 중에는 "너무 오래 하면 아프니까 짧게 끝내 줘도 상관없어."라는 사람이 많습니다. 부족함을 느끼는 여성에게는 성의껏 전희를 해 주면 됩니다. '성기로 여자들의 신음을 끌어내야만 진정한 남자다.'라는 생각 자체가 환상입니다.

조루인 남성은 '상대방이 자신을 어떻게 생각하는지'가 신경 쓰이겠지요. 얼핏 상대방을 위하는 듯하지만, 실은 정반대입니다. 섹스할 때 자기 자신만 의식하고 있지 않은지 되돌아봅시다.

그리고 '크기'에 대해서 한마디 하자면, 섹스를 좋아하는 '밝히는' 여성의 대부분이 "섹스의 매력은 성기의 크기에 좌우되지 않는다."라고 단언합니다. 외과적 증대 수술은 "난 큰 남자가 아니면 절대 안 돼."라는 소수의 여성을 좋아하게 된 이후에 생각해 봐도 늦지 않습니다.

여담입니다만, '내 물건은 크고 멋있어.'라고 생각하는 남자들이 있는데, 사실 여자들은 아파서 내심 빨리 끝나기를 바라고 있을지도 모릅니다. 저는 촬영 현장에서 남자 배우에게 "성기를 손가락이라고 생각하면서 섬세하게 다

뤄 보세요. 삽입할 때 그냥 넣지 말고, 내벽을 애무하듯이 요…….'라고 부탁합니다. 꽤 효과가 있으니 기억해 두세요.

여덟 번째, 남자들 중에는 체취가 유독 고약한 사람이 있습니다. 만약 그렇다면 '청결하지 않아서' 냄새가 나는 건가요? '질병의 일환'인가요? 아니면 '몸은 건강하지만, 남보다 냄새가 잘 나는 체질'인가요?

원인이 무엇이든 인기 있는 남자가 되고 싶다면 상식적인 빈도로 목욕하고, 매일 옷을 갈아입고, 깨끗이 세탁한 옷을 입읍시다. 그런데 매일 목욕해도 땀을 조금만 흘리면 주변에서 바로 느낄 정도로 악취가 나는 체질도 있습니다. 그런 체질을 치료할지 말지는 역시 본인이 결정해야 합니다. 부끄럽겠지만, 주변 사람들에게 물어보는 편이 좋습니다.

구취는 위나 치아의 질병으로 인한 경우가 많으며, 세상에 '입 냄새가 고약한 남자를 좋아하는 여성'은 없습니다. 하루에 한 번 이상 양치질을 하는데도 평소에 입 냄새가 심한 사람은 인기 여부를 떠나서 병원에 가 봅시다.

마지막으로, 얼굴의 생김새는 본인에게 아주 중요한 문제입니다. 하지만 현실에는 '잘생겼는데 전혀 인기가 없는 남

자'도 있고, '못생겼는데 전체적으로 조화가 잘 돼서 인기가 있는 남자'도 많습니다.

더구나 얼굴은 마음만 먹으면 성형 수술로 고칠 수 있습니다. 수술이 가능한 이상 부모에게 물려받은 얼굴로 평생 살지, 손을 댈지는 역시 자신이 결정해야 합니다. 어떤 선택을 하든 본인이 진지하게 생각해서 결정했다면 자신의 콤플렉스와 멋지게 공존하고 있는 셈입니다.

당신의 미의식에 비추어 보건대 '이런 못난 얼굴은 진정한 내 모습이 아니야. 난 더 아름다운 외모가 어울려.'라고 판단된다면 성형을 하는 편이 좋겠지요. 어느 부위를 얼마나 고칠지 의사에게 모두 맡기지 말고 자신의 희망 사항을 분명히 전달합시다.

물론 성형 수술 하는 남자를 비호감으로 생각하는 여자도 있습니다. 하지만 남자의 얼굴을 많이 따지는 여자나, 남자의 성형을 개의치 않아 하는 여자도 많습니다. 요는 인기를 얻을 목적으로 시행하는 성형 수술은 '해도 괜찮고 안 해도 괜찮다.'라는 말입니다.

그러나 '이 얼굴로는 안 돼…….'라며 밤낮으로 괴로워하거나, 반대로 수술만 하면 여자들이 줄을 설 거라는 착각에 빠져 "요즘 유행하는 스타일로 고쳐 주세요!" 하고 덜컥 수

술해 버리면 안 됩니다. 그런 '주체성이 결여된 남자'를 좋아할 여자는 없으니까요. 게다가 마음이 초조한 상태에서는 이상한 의사나 실력 없는 의사에게 걸려들 가능성도 큽니다. 실력도 없으면서 장삿속만 채우려는 의사도 많으니 주의합시다.

콤플렉스와 공존하는 법

당신의 콤플렉스가 된 그 [특징]을 '고칠 수 있는지', '고쳐야 하는지', 꼭 고쳐야 하는 건 아니지만 당신은 '고치고 싶은지', 아니면 곰곰이 생각해 보니 '고치지 않아도 괜찮은지' 냉정하게 따져 봤나요? 콤플렉스에 대처할 방법이 조금씩 보이기 시작하지 않나요?

'고쳐야 할 것 같긴 한데, 안 고쳐질지도 몰라…….' 하고 머리를 싸매고만 있는 것은 생각을 제대로 못 하고 있다는 뜻이므로, 다른 사람에게는 '외모보다 내면이 더 비호감'으로 느껴지게 마련입니다.

일단 고쳐야겠다고 결심했다면 본인의 의지로 구체적인 계획을 세웁시다. 물론 인간은 자연 치유력을 갖고 있지만,

백날 '고치고 싶어······.'라고 바라기만 해서는 아무것도 달라지지 않습니다.

지금 당신의 마음이 '고치고 싶긴 한데······.'에서 머물러 있다면 그 이유가 무엇인지 생각해 봅시다. 만약 비용 때문이라면 오늘부터 필요한 돈을 모으세요. 자기 힘으로 모은 돈으로 문제를 해결합시다. 부모에게 물려받은 육체적 결점이라는 이유로 부모에게 손을 벌리면, 특히 비만이나 아토피처럼 심리적 요인이 영향을 미치는 문제는 치유하기 힘듭니다.

더구나 별 고생 없이 고친 사람은 금방 '다른 콤플렉스'가 생길 가능성도 있습니다. 소심남은 자신이 인기가 없고, 남들이 비호감으로 생각하는 원인을 (무의식중에) 외모나 체취 탓으로만 돌리려는 경향이 있기 때문이죠.

외모를 '개선'하고 '변신'을 꾀하는 일은 당사자의 의사와 취향이 꼭 반영되어야 한다는 점에서 '자동차를 구입하는 행위'와 비슷합니다. 목마른 사람이 우물을 파야지요. 그리고 제대로 마음먹고 하려면 비용도 많이 들고 대가도 큽니다. 잘못하면 돌이킬 수 없는 결과를 초래할 수도 있고요.

그러므로 외모에 콤플렉스가 있는 사람은 그 원인을 고치는 데 필요한 기간과 비용의 상식적인 수준은 어느 정도인지, 이 방법으로 개선할 수 있는지, 만족할 만한 결과를 얻을 수 있는지, 성형 수술을 한다면 어느 병원이 안전한지 등을 객관적이고 정확하게 파악해야 합니다. 세상에는 남의 콤플렉스를 이용해서 돈을 벌려는 사람이 수없이 많습니다. 물론 이 책을 포함한 연애 지침서의 저자와 출판사도 예외는 아닙니다.

그래도 어떻게든 고치고 싶다는 생각이 들면 실행으로 옮깁시다. 자신의 책임하에 신중하게 결정하되, 그렇다고 너무 겁먹을 필요는 없습니다.

한 가지 희소식을 전하자면 콤플렉스를 없애지 않고도 비호감에서 벗어나는 방법이 있습니다. 바로 자신의 콤플렉스를 받아들이고 '공존'하는 방법이지요.

고칠 수 없는 결점은 단념하고, 자신의 생각을 바꾸는 것도 콤플렉스와 공존하는 방법입니다.

반대로 치료에 시간이 걸리는 질병을 포기하지 않고 끝까지 치료하려고 노력하는 것도 공존의 일환입니다.

원인을 제거하든 아니면 받아들이든 자신의 콤플렉스를 정확히 파악하고 공존하면서 '나는 이런 콤플렉스가 있는 남자다.'라고 인정한다면 소심함을 극복하는 데 큰 도움이 됩니다.

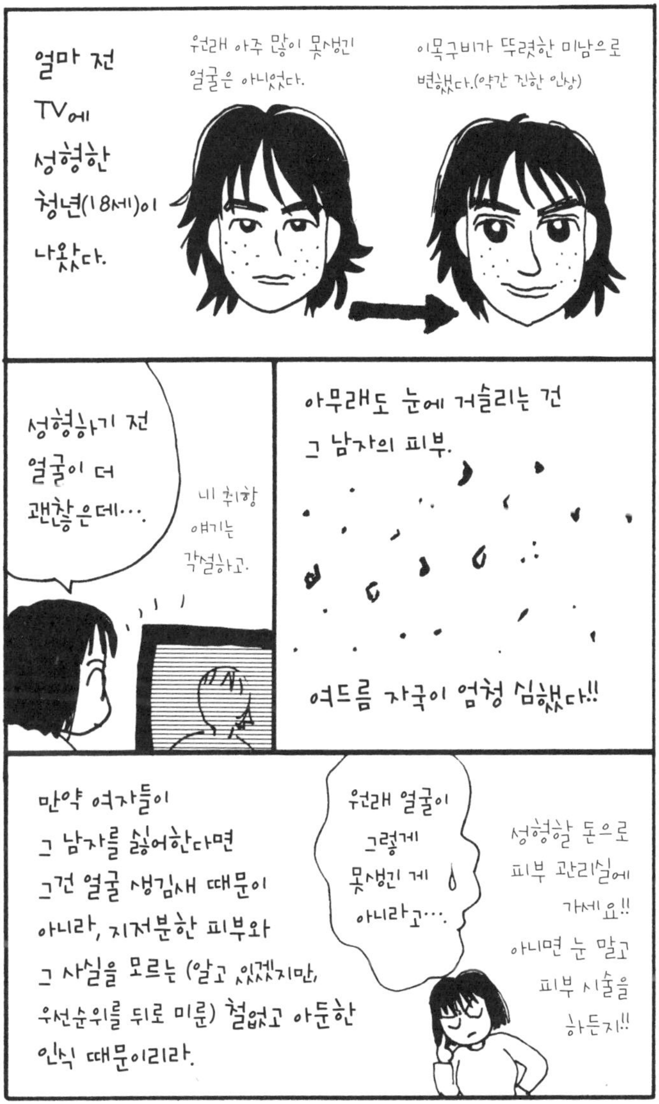

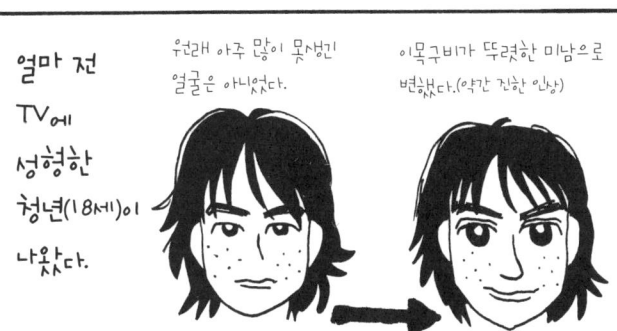

2
단순함을 고치자

저질인 남자

본격적으로 '불쾌한 단순남'의 치료법에 대해 알아봅시다.

먼저, '단순남'이라고 해서 지능적으로 떨어지는 사람을 의미하는 것이 아님을 밝힙니다. 또한, 여자들에게 "눈치가 없어.", "답답해서 짜증 나."라며 무시당하는 사람은 단순남이라기보다 '생각이 너무 많은 소심남'이거나 '단순하면서 소심한 사람'에 가깝습니다.

'불쾌한 단순남'은 여자들에게 "저질스럽다.", "난폭하다."라고 평가받는 사람입니다. '소심하면서 단순남인 척하는 사람'은 저질스러운 데다 답답하기까지 하다는 말을 들을 가능성이 큽니다.

우선 저질스러운 단순남은 음담패설을 자주 입에 담는 사람이나 호색한과는 다릅니다. 야한 걸 밝히지만 비호감이 아닌, 오히려 밝히기 때문에 인기가 많은 남자도 많으니까요. 그런 남자들이 음담패설을 던지면 여자들이 "꺄아~, 저질이야! ♡", "너무 야하잖아~! ♡", "그만하라니깐~! ♡" 등의 긍정적인 반응을 보입니다. '저질! ♡'과 그냥 '저질'의 차이를 구별할 수 있겠죠?

대부분 여성이 저질스러운 단순남이 던진 음담패설은 무시합니다. 그러나 소심남이 무리해서 음담패설을 하면 무시당하지는 않지만, 그 자리에 있는 모든 사람을 얼어붙게 하지요.

잘 안 씻는 사람, (일할 여건은 되는데) 일할 생각을 안 하는 백수는 일반적으로 여자들에게 인기가 없지만, 신기하게도 이 세상에는 '잘 안 씻는데 인기 있는 남자', '가난한 백수인데 인기 있는 남자'도 존재합니다.

간혹 주변에서 그런 사람을 목격한 단순남 중에는 '나도 안 씻고 일 안 해도 되겠네.'라고 착각하는 경우가 있습니다.

반대로 아주 성실한 단순남은 '아, 여자들이 날 싫어한 이유를 알겠어!' 하고 몸이 부서지도록 일을 해서 품위 있는 부자로 변신할 수도 있습니다. 그러나 머릿속은 여전히 단순해서 나이를 먹고도 (더구나 돈도 많으면서) 경박한 행동을 한다면 이 또한 상당히 비호감입니다. 어렸을 때는 '미숙함에서 묻어나는 저질스러움'을 '청춘이니까 그럴 수도 있지.'라며 용서해 주던 여성도 있었지만요.

그래도 경제적 능력이 생긴 남자가 여자에게 인색하게 굴지만 않는다면, 내면이 저질이고 비호감이더라도 섹스는 원하는 만큼 즐길 수 있습니다. 본인이 그런 상황을 진심으로 행복하게 느낀다면 문제는 없습니다. 진심으로 행복을 느끼는 시간이 오래 지속되면 그의 비호감도 저질스러움도 점차 사라지지요.

그러면 처음에는 돈을 보고 접근해서 그 남자의 불쾌한 내면을 감내하며 지냈던 여자들이, 어느새 '불쾌한 단순남'에서 탈피한 그를 진심으로 사랑하게 되는 경우도 종종 있습니다.

다만, 그런 남자가 어느 날 갑자기 '여자들은 날 좋아한 게 아니라 내 돈을 좋아한 거였어!' 하고 깨달으면 비극이 시작됩니다. (단순남이 길을 잘못 들어 소심남이 되어 버린 것이죠. 역시 심심찮게 찾아볼 수 있는 사례입니다.) 결과적으로 그 남자는 주변 여자에게 모질게 대해서 다시 비호감이 되고 맙니다. 상대방도 힘들어지고요.

열심히 일하는 과정에서 고생을 겪으면 사람이 긍정적으로 바뀐다는 견해도 있지만, 그에 따른 부작용도 있습니다. 자신이 고생한 얘기를 떠벌렸다가는 자의식 과잉이 되고, 지나친 고생을 했다가는 인격이 망가질 수 있기 때문이죠. 지금의 고생이 득이 될지 실이 될지는 당사자가 예측하기 힘듭니다.

인기도 없으면서 터프한 척하지 마라

난폭한 단순남의 예를 들어 보겠습니다. 당신이 [인기 많은 친구 놈]과 여자, 이렇게 셋이서 길을 걸어가고 있는데, 그 친구가 갑자기 화가 나서 가드레일을 발로 뻥 걷어찼다고 칩시다. 그 모습을 본 여자가 입으로는 "그만해……."라며 걱정스러운 듯이 말렸지만, 눈은 하트로 변하는 것이었습니다. 그러고는 며칠 후 그 친구가 없는 자리에서 "그 사람 터프하더라. ♡"라고 말하는 것을 들었습니다.

며칠이 더 지난 후 그 여자가 보는 앞에서 당신이 일부러, 그리고 가능한 한 친구와 똑같이 가드레일을 걷어차니 그녀는 눈살을 찌푸리며 "난폭하네." 하고 한마디 내뱉었습니다. 눈이 하트로 변하기는커녕 걱정하는 기색도 없습니다. 당신은 그녀가 보인 온도 차에 크게 상심하고 말았지요……. 자, 어떤가요. 과거에 이런 경험 해 본 적 없나요?

여기서 제가 하고 싶은 말은 '터프함과 난폭함의 차이는 무엇인가?'라는 허무한 주제에 집착해서는 안 될뿐더러 '가드레일을 멋있게 차는 법'을 연구해도 소용없다는 것입니다.

음란한 기질도 마찬가지입니다. 주변에 음담패설을 잘해서 인기 있는 남자가 많다고 '야한 걸 밝히면서도 인기 있는 비결'이나 '음란하면서도 품위 있는 비법'을 고민해 봐야 헛수고입니다. 물론 흥미로운 주제이니 여자들의 호감을 사기 위해서가 아니라 단순히 관심이 있어서 연구하고 싶다면 말리지는 않겠습니다.

'멋있는 터프함', '세련된 음란함'을 그려 낸 영화, 만화, 소설 등이 많이 있으니 '터프'하고 '세련'된 모습만을 골라서 따라 할 수도 있겠지요.

그러나 친구가 '터프'하고 당신이 '난폭'하며, 친구가 '저질! ♡'이고 당신이 '저질'인 이유는 간단합니다. 여성들이 그 친구에게는 호감을 느끼고 당신에게는 호감을 느끼지 않기 때문이죠. 비호감인 남자가 인기 많은 남자들의 터프한 행동과 야한 농담을 흉내 내 봤자 여자들은 난폭하고 저질스럽다고 더욱 싫어할 뿐입니다.

단순남인데도 인기 있는 남자는 난폭하든 음란하든 답답하든 중요하지 않습니다. 여자들 눈에는 그냥 멋있는 사람으로 보일 따름이죠.

당신은 '특별'하지 않다

당신은 자기 자신을 '특별한 사람'이라고 생각하나요?

혹시 당신은 아직 유명해지진 않았지만, 뛰어난 재능이 있는 예술가(만화가, 뮤지션, 배우 등)인가요?

그렇다면 당신이 지금 이 책을 읽어야 할 정도로 인기가 없는 이유는 무엇일까요? 세상 여자들이 보는 눈이 없어서일까요?

당신은 자신을 엘리트 회사원이나 능력 있는 사업가라고 생각하나요? 아니면 들어가기 힘든 명문 대학의 재학생이나 졸업생인가요?

이건 어디까지나 저의 노파심입니다만, 당신 같은 유형의 사람은 다단계, 신흥 종교, 비싼 수업료를 챙기는 인생 강의 학원에 걸려들기 쉬우니 조심하세요. 만약 당신이 '인기 따위 없어도 괜찮아. 그냥 행복해지기만 하면 돼.'라고 생각한다면 그런 곳에 찾아가는 것이 오히려 빨리 행복해지는 길입니다. (단, 이왕 가기로 했다면 진지하게 찾아갑시다. 의심하면 도움 될 게 없으니까요.) 하지만 이 책은 '행복한 인생을 찾아서'가 아니라 '당신이 인기 없는 이유는 무엇일까. 과연 인기를 얻을 수 있을까.'에 대해 생각하는 책이라는 사실을 다시 한번 유념합시다.

여자들은 '자신의 노력을 과시하는 남자'를 싫어하는데, 그보다는 노력도 하지 않으면서 자신이 특별하다고 착각하는 사람을 더 비호감으로 생각합니다.

바로 그런 자의식 때문에 당신이 [비호감]이 되지는 않았는지 의심해 볼 필요가 있습니다.

물론 중요한 일을 앞두고 '난 특별해.'라며 자기 암시를 해야 기량을 발휘하는 사람도 있습니다. 그런 사람은 중요한 일을 성공적으로 끝낸 후에는 자신이 특별하다고 암시하지 않아도 안정을 찾습니다. 머지않아 어깨의 힘이 풀리고 그 일을 해냈다는 자신감마저 생기면서 여자들이 좋아하는 남자가 되지요. 그때까지 참고 견딘 보상이라고 할 수 있습니다.

하지만, 당신이 자신을 특별하다고 세뇌하며 기운을 불어넣는 동안에는 다른 사람 눈에 비호감으로 비치므로 인기를 얻을 생각은 버려야 합니다. 자신이 특별하다고 착각하는 사람이 인기까지 얻으려는 것은 지나친 욕심입니다. 두 마리 토끼를 잡으려 하지 말고 차라리 인기가 없는 시간을 더 나은 사람이 되기 위한 자극제로 삼아 봅시다. 다만, '자연체'라고 해야 할까요? 세상에는 자신이 특별하다고 암시하지 않아도 기량을 발휘하는 사람이 있습니다. 그들은 당신과는 달리 열심히 노력하면서도 거만하게 행동하지 않아 인기가 있습니다.

당신이 어떤 사람이든 결코 [특별한 사람]은 아닙니다. 설령 뛰어난 재능이 있거나 대단한 기술을 가졌거나 이미 사회에 큰 공헌을 했더라도, 세상 사람들이 당신의 이름을 다 알 만큼 유명하더라도 당신은 [특별한 사람]이 아닙니다.

어떤 사람이 '특별한지 아닌지'를 결정하는 주체는 당사자가 아니기 때문입니다. '사회'가 그 결정권을 갖고 있는 것도 아닙니다. 세간에서 '훌륭'하다고 인정받는 사람들이 '특별'하진 않다는 뜻입니다.

어떤 사람이 특별한지 아닌지를 결정할 권리는 매 순간 대면하는 '상대방'에게 있습니다.

쉽게 말해 '당신이 거만하게 행동해도 그런 당신을 불쾌하게 여기지 않는 사람'을 상대할 때만 그 거만함이 용납됩니다. 그리고 그 상대야말로 [당신과 같은 판에 들어올 사람]이죠. '당신이 특별하다.'라는 [동일한 규칙]을 받아들이고 함께 즐길 동반자입니다.

여기까지 읽으면서 "맞아, 맞아. 자기가 특별하다고 착각하는 녀석들 있지. 비호감이고말고." 하며 여유롭게 웃는 당신.

혹시 당신은 '난 별로 [특별]하진 않지만, 그래도 연애는 평범한 사람을 특별한 존재로 만드는 힘이 있잖아. 사랑에 빠졌을 때만큼은 나도 드라마 주인공이야.'라고 생각한 적 없나요? 아니면 그런 생각은 해 본 적 없더라도 이미 행동은 그렇게 하고 있지 않나요?

평소에는 '이성적이고 점잖은 사람'이지만, 좋아하는 여자 앞에서는 갑자기 [특별]한 행동을 한다든지요.

'뭐? 연애가 원래 다 그런 거 아니야?' 하고 생각한 당신. 그래서 인기가 없는 겁니다. 실수로, 아니면 잘못된 판단으로 상대방의 사정을 무시한 채 '냉정하게 생각하면 부끄러운 짓'을 저지르는 것도 거만한 행동에 해당합니다.

상대방의 기분을 생각하지 않고 무턱대고 값비싼 선물을 건네거나, 갑자기 말을 놓거나 애칭을 붙여 주는 등 당신 딴에는 '애정의 표현'이라고 하는 행동이 아직 당신에게 호감을 느끼지 못한 상대방에게는 거만하게 느껴질 수 있습니다.

그리고 이것이 바로 '같은 판에 들어오지 못했다.'라는 신호지요. 여자 입장에서는 아주 불쾌한 상황입니다.

'넌 나랑 같은 판에서 놀아야 해.', '내가 노는 판에 너도 끼워 주지.'라는 식으로 상대방의 의사와는 무관하게 자신의 판에 들이려고 행동했을 때, 사람들은 "거만하다."라고 말합니다. 실제로 상대방을 무시하거나, 건방지게 굴거나, 상황에 어울리지 않는 성적인 발언을 했을 때만이 아닙니다.

42쪽 표를 다시 한번 참고합시다.

단순남인데도 인기가 있는 【1 유형】은 많은 여성과 같은 놀이판에 쉽게 들어설 수 있는 사람이라, 난폭한 행동을 하든 지나친 친절을 베풀든 그를 거만하다고 느끼는 여성은 많지 않습니다.

똑똑하면서 단순남인 척하는 [6 B 유형]은 상대방을 정확히 포착합니다. 자신과 같은 판에 들어올 것 같은 여자에게만 단순남 행세를 하기 때문에 (보는 시각에 따라 교활하게 느껴지기도 하지만, 단순하지 않은 남자들은 이런 식으로 사람을 사귑니다.) 상대방을 잘못 선택하지만 않는다면 거만하게 보이지 않습니다.

인기가 없는 [2 유형]의 단순남이 인기를 얻으려면 '과연 그 여자가 지금 당신과 같은 판에 들어섰는지, 머지않아 들어올 가능성이 있는지' 조금 소심하게 접근할 필요가 있습니다.

마지막으로, 소심하면서 단순남인 척하는 [3 유형]이 자신을 특별한 사람이라고 착각해서, 또는 '누가 자신과 같은 판에서 놀고 있는지' 분간을 못 해서, 같은 판에 들어와 있지도 않은 여성에게 [특별]한 행동을 저지르는 이유는 사실 자신감이 없기 때문입니다. 애써 부인하고 있지만, 당신은 '소심'할 뿐이지요. 그리고 당신이 소심하다는 것은 모두가 알고 있으니 이제 본인도 인정합시다.

3
소심함을 고치자

'적절한' 자신감을 갖자

지금까지 인기가 없는 사람들에게 일단 소심해지라고 권유한 셈인데, 이제 그 소심함을 어떻게 고칠지가 문제입니다. 그런데 어느 정도 소심한 성격은 달리 표현하면 '겸손'하다고도 할 수 있으니 반드시 고쳐야 할 필요는 없다고 생각할지도 모릅니다.

하지만, '이 여자는 나랑 같은 판에서 놀 수 있을 것 같아.'라는 느낌이 들었을 때, 당신의 그 겸손함 때문에 적극적으로 거리를 좁히지 못하면 여자가 떠나 버릴 수 있습니다.

더구나 '상대방을 교묘하게 판에 들이는 기술'을 배워 놓고는 막상 같은 판에 낄 것 같은 여자가 나타났을 때 우물쭈

물했다가는 낭패입니다. 그런 상황에서 '너무 소심한 성격'은 걸림돌이 되지요.

그리고 더 심각한 문제는 그런 행동을 반복하는 동안 자신의 소심한 성격에 신물이 나서 (일시적인 자기혐오에 그치지 않고) 진심으로 스스로를 싫어하게 된다는 점이죠.

"자신을 사랑하지 못하는 인간은 타인을 질투할 수는 있지만, 사랑할 수는 없다."라는 말이 있는데, 정말 맞는 말입니다. 앞에서 말한 '자신을 너무 사랑하는 불쾌한 단순남'보다는 자신을 사랑하지 못하는 사람이 낫습니다만.

그러면 어떻게 소심함을 유지하면서(즉, [불쾌한 단순남]이 되지 않으면서) 자신을 사랑하고, 또 필요한 순간에 용감해질 수 있을까요?

당연한 말처럼 들리겠지만, '적절한 자신감'을 가져야 합니다.

그러면 소심한 당신이 [불쾌한 단순남]이 되지 않으면서(되돌아가지 않으면서) 적절한 자신감마저 얻을 수 있는 방법을 본격적으로 알아봅시다.

나만의 (공간)을 만들자

자신감이 없고 매우 소심한 성격의(비관적 자의식 과잉에 빠진) 당신은 타인, 특히 여성들이 자신을 어떻게 생각할지, 혹시나 싫어하진 않을지 늘 신경을 쓰겠지요.

그런 당신은 정작 자기 자신을 어떻게 생각하나요?
'인기가 없다.', '소심하다.'라는 건 모두가 아는 사실이니 다른 특징을 떠올려 보세요.

당신은 소속 직장, 학교, 직업, 수입, 혈액형, 별자리를 제외한 자기소개를 할 수 있나요?

앞 장에서 생각했던 내용을 떠올려 봅시다. 예를 들어, 당신은 왜 인기를 얻고 싶은가요?

지금 좋아하는 여자가 있다면 억지로라도 그녀에 관한 생각은 잠시 접어 두세요. 그리고 그녀와 아직 만나지 못했다는 가정하에 대답해 봅시다. 당신은 어떤 성격과 외모를 가진 여성과 어떤 교제, 어떤 섹스, 어떤 결혼 생활을 하고 싶나요?

또는, 당신이 노래방에 가면 꼭 부르는 십팔번은 무엇인가요?

당신은 그 노래의 어떤 점이 좋은가요?

또는, 영화, 드라마, 만화책, 애니메이션, 소설, 어릴 적에 읽은 옛날이야기, 동화, 그림책을 통틀어 '당신이 지금까지 접한 모든 【이야기】 중에서 가장 재미있는 이야기', '인상에 남는 이야기'는 무엇인가요? (가능한 한 최근에, 화제를 모으지 않은 이야기가 좋습니다.)

그 이야기의 줄거리를 간략하게라도 소개할 수 있나요?

그 이야기가 당신의 마음속에 남아 있는 이유는 무엇인가요? 그 이야기의 어떤 점과 등장인물의 어떤 부분이 당신에게 흥미로웠는지 설명할 수 있나요?

또는, 당신은 어떤 상상을 하며 마스터베이션을 할 때 가장 흥분되나요?

그 이유는 무엇이죠?

이런 게 인기랑 무슨 상관인가 싶겠지만, 아주 깊은 관련이 있으니 진지하게 생각해 보기를 바랍니다.

어떤 대답이든 좋습니다. '이런 것을 좋아하는 남자가 인기 있다.'라는 얘기가 아닙니다. 제가 하고 싶은 말은 '자신이 무엇을 좋아하는지 분명히 알고, 그 이유도 인식하는 남자가 인기를 얻을 확률이 높다.'라는 것이죠.

직업이나 연봉이 아니라 '당신이 좋아하는 것'이야말로 '당신이 누구인지'를 말해 주는 단서니까요.

예를 들어, 당신이 잘하는 것이나 평소에 즐겨 하는 것 중 당신은 무엇을 가장 좋아하나요? 무엇을 할 때 자신이 진짜 살아 있다고 느끼나요?

취미 하나쯤 있으면 된다는 말이 아닙니다. 매일같이 게임을 하거나, 스포츠 경기를 보거나, 인터넷 서핑을 하거나, 블로그에 포스팅을 하더라도, 막연히 시간을 때우는 식으로 이뤄진다면 인기 없는 당신에게는 아무런 도움도 되지 않습니다.

하물며 '요즘 유행하는 거니까. 다들 관심 있어 하니까.'라는 마음가짐으로는 절대로 '자기소개'를 할 수 없습니다. 만약 당신이 자타 공인 유행만 따르는 사람이라 "남들이 다 해야 할 맛이 나지."라고 당당히 말할 수 있다면 그 역시 훌륭한 결정입니다.

과장되게 들릴지도 모르지만, 당신이 스스로 무엇을 좋아하는지 알고 있으면 스스로 선택한 [나만의 공간]이 있는 것과 같습니다.

다소 진부한 표현으로 말하자면 '마음의 고향'이 있다는 뜻입니다. 언제든 돌아가면 당당해질 수 있는 고향이죠.

나만의 공간, 마음의 고향이 있는 사람은 [확실한 주체가 있다.]라고도 할 수 있습니다.

혹시 '내가 기댈 곳이라 봐야 회사, 술, 파친코, 게임, 인터넷밖에 없는데…….'라고 생각하나요? 아니, 파친코면 어떤가요?

이왕이면 공략법을 열심히 익혀서 돈을 땁시다. 진심으로 열중하는 거지요. "매번 돈은 못 따지만, 그래도 파친코 기계 앞에 기대앉아서 구슬 치는 게 참을 수 없이 좋아."라고 자신 있게 말할 수 있나요? 그러면 그걸로 충분합니다.

게임을 좋아하는 사람은 '아무리 잘해도 돈 한 푼 안 되는 일에 빠져 있다니…….' 하고 자책하지 마세요. (만약 진심으로 그렇게 생각한다면 당장 그만둡시다.)

당신이 좋아하는 것, 그것을 좋아하는 자신에게 자부심을 가지세요. 하지만 재밌어서가 아니라 달리 할 일이 없어서 습관적으로 하는 사람은 '열중'이 아니라 '도피'하고 있는 셈입니다. 그건 진정한 마음의 고향이라 할 수 없지요.

술도 마찬가지입니다. '매일 마시는 습관이 들어서'가 아니라, '힘든 일을 잊기 위해 어쩔 수 없이'가 아니라, 기왕이면 '맛있게' 한잔하면 어떨까요?

비록 평범한 직업이지만, 그 일을 정말 좋아해서 다른 것에는 관심이 생기지 않더라도 부끄러워할 필요 없습니다. 자부심을 가져도 좋습니다.

내 인생의 한 편에 깊숙이, 진지하게 빠져 봅시다.

자기 일을 사랑하는 사람을 보며 "저 사람 빛난다."라는 낯간지러운 말을 하지요. 요컨대 당신의 빛나는 곳은 어디인지 찾아보자는 말입니다. 온몸이 찬란하게 빛나지 않아도 괜찮습니다. 당신의 어느 한 부분만 빛나면 충분합니다.

만약 빛나는 곳이 없다면 만들어 봅시다. 이제부터 무언가에 열중합시다.

물론, 열중할 대상은 스스로 생각해서 결정해야 합니다. '요즘의 난 무엇을 좋아하지?', '인기에 연연하지 않았던 어린 시절엔 무엇을 좋아했지?' 하고 곰곰이 생각해 보는 것이죠.

'외제차를 사서 끌고 다니면 여자들이 좋아하겠지.'란 마음으로는 인기를 얻을 수 없습니다. 비싼 돈을 주고 사도 효과가 없는 이유는 당신이 진심으로 빠져 있지 않기 때문입니다. '성형을 할지 말지' 결정할 때와 마찬가지로 본인의 주체성이 중요합니다.

당신이 무엇을 좋아하든 여자를 유혹할 도구로 써서는 안 됩니다. 앞에서 얘기한 '자기소개 거리'로 허세를 부릴 필요는 없습니다. 다른 사람 눈에는 보잘것없어도 괜찮습니다. 오히려 보잘것없는 편이 낫습니다.

왜냐하면 '당신이 무언가에 열중함으로써 거만해진다면' 오히려 역효과이기 때문입니다.

거만해지지 말자

자신이 무언가에 열중하고 있다고 노골적으로 티를 내면 비호감이 됩니다.

당신이 [좋아하는 것]은 '자기 자신'에게만 특별하니까요.

예를 들어, 당신이 라면을 무척 좋아해서 일주일에 사흘은 유명한 라면 맛집을 찾아다니며 블로그에 포스팅한다고 가정합시다. 그런데 처음 보는 여자가 당신에게 "취미가 뭐예요?"라고 물었습니다. 자, 어떻게 대답해야 가장 이상적일까요?

정답은 "라면 블로그를 운영하고 있어요……." 하고 [멋쩍게] 대답하는 것(또는, 대답하지 못하는 것!)입니다. 다짜고짜 '자신이 라면에 얼마나 일가견이 있는지' 쉬지 않고 수다

스럽게 늘어놓는 사람이 가장 곤란한 유형입니다.

가령 상대 여성도 라면에 관심이 많은 것 같은 느낌이 들어도, '옳지, 같은 판에서 놀고 있구나.' 하며 기다렸다는 듯이 아는 것을 자랑하면 안 됩니다.

둘 다 라면을 좋아한다고 같은 판에서 놀고 있다는 의미는 아닙니다. 상대방과 공통된 취미가 있더라도 무조건 마음이 통하고 호감을 느낀다는 보장은 없으니 너무 성급하게 다가가선 안 됩니다.

특히 무의식중에 거만하게 행동하는 것만큼은 경계해야 합니다. 겸손한 성격이 소심남인 당신의 장점이었다는 사실을 잊지 마세요.

그리고 만약 당신이 무언가에 대해 잘난 척을 하고 거만하게 행동한다면, 실은 그것에 자신감이 없기 때문입니다.

'나는 좋아하는 것이 있고, 그 사실에 자부심을 느끼는 괜찮은 남자야.'라는 자신감을 내려놓고 타인에게(심지어 유혹하려는 여자에게도) 경솔하게 자랑하지 않아야 진짜 현명한 인간의 '자부심'이라고 할 수 있습니다.

만약 당신이 멋진 남자로 거듭나더라도 '겉보기에는 멋있지만, 주체성이 없는 남자'는 금방 비호감이 되고 맙니다.

그동안 어떻게 주체성을 길러야 하는지 몰라서 일단 연애지침서가 알려 주는 '멋진 남자' 되는 법을 모방하는 데 급급하지 않았나요?

'[마음의 고향]을 가지고 있다(나만의 공간을 가지고 있다).'라는 말이 자기주장만 밀어붙이거나 다른 사람과 의견이 충돌해도 양보하지 않는다는 의미는 아닙니다. 주체성이 너무 강하거나 고집이 센 것과는 전혀 다른 개념이지요.

'나만의 공간'이 있으면 자신과 상대방에 대한 최적의 관계성을 파악할 수 있으며, 그 결과 상대방에게 호의적으로 대할 수 있습니다.

물론, 나만의 공간을 찾는 과정이 순탄하지만은 않습니다. 현재 '내가 있을 곳'이 없다고 생각하는 사람에게는 힘든 여정일지도 모릅니다. 하지만 멋진 남자가 되겠다고 계속 헛다리를 짚거나, 돈과 시간을 투자해서 커뮤니케이션 기술을 배워 놓고 번번이 차이는 것보다는 능률적이지 않을까요?

지금부터라도 자신이 좋아하는 대상을 직접 찾아보세요.

꼭 대단한 것이 아니어도 좋습니다. '특별'한 일을 좋아해야만 '주체'를 가진다는 법은 없습니다.

진심으로 좋아한다면 평범해도 괜찮습니다. 그보다는 '자의식 과잉이 되지 않는 것'이 훨씬 중요하지요. 그리고 '소심함'과 '단순함'의 적정선을 찾아 중용을 지키는 사람이 [진짜 현명]하다고 할 수 있습니다.

그러면 어떻게 해야 그 균형을 유지할 수 있는지 알아보기 전에 한 가지 유형을 더 살펴봅시다.

제일 단순하고 소심한 사람은?

앞에서 '인기 없는 비호감 남자'의 여러 유형과 그에 맞는 처방전을 살펴보았습니다. (사실 '자신을 모르는' 단순남과 '주체성 없는' 소심남의 뿌리는 같습니다. 어떤 형태로 나타나느냐의 차이가 있을 뿐이죠.) 그런데 아직 피부에 와닿는 얘기가 없다거나, 남의 이야기처럼 들린다거나, 또는 '내가 인기 없는 이유'를 빨리 알려줬으면 좋겠다고 생각하는 사람도 있겠지요.

'난 「주체성」도 있고 무엇을 좋아하는지 당당하게 말할 수 있을 뿐 아니라, 자의식 과잉이 될 정도로 어리석지 않아.'라고 확신하는 사람도 있을 겁니다.

단언컨대, 그런 당신이 제일 소심하고 제일 단순한 남자입니다. 단순남의 극치죠.

당신은 행운인지 불행인지, 학교에서는 공부를 잘하고 직장에서는 일을 잘하는 사람입니다. 그런 당신은 "거만하다."라거나, "소심하다."라는 남들의 평가에 민감할뿐더러 요령이 좋아서 얼핏 보면 단점이 드러나지 않도록 행동할 수 있습니다.

당신은 심각한 콤플렉스 없이 지금까지 살아왔습니다. 그러므로 당신은 '어두운 사람'이 아닙니다. '나만의 공간'도 있으며 스스로 '빛나는 사람'이라고도 생각하지요.

히지만, 인기는 없습니다.

설령 인기가 있더라도 연인과 진심으로 사랑하고 있지 않거나, 자신이 좋아하지 않는 스타일의 여자에게만 인기가 있어서 '더 괜찮은 여자에게 인기를 얻고 싶어. 아직 부족해.'라며 갈증을 느끼는 불행한 상태지요.

어쩌면 당신의 얼굴에는 '여자랑 자고 싶어.'라고 쓰여 있을 겁니다. 물론 대다수의 남자들이 그렇고, 이 책의 독자들은 백이면 백 얼굴에 쓰여 있으리라 생각합니다. 그런데 당신이 유독 비호감인 이유는 그 사실을 혼자만 모르고 있기 때문입니다. 아니면 다른 사람들은 모를 거라고 만만하게 여기고 있는 탓이죠.

당신은 '스스로 겸손하다고 생각하지만, 사실 자존심이 무척 세다.'라는 점에서 (42쪽 분류표를 다시 한번 참고해 주세요.) 6 A 라고 착각하는 2 유형이라고 할 수 있습니다. 단순한 '착각쟁이'인 2 유형보다 골치 아픈 고집쟁이죠.

단순한 '착각쟁이'는 별다른 재능도 없으면서 자신을 '예술가'라든가, 직장인이라면 '능력 있는 비즈니스맨'이라고 생각하는 사람입니다. 남들이(심지어 좋아하는 여성이) 자신을 떠받들지 않는 현실은 잘못됐다는 착각에 빠져 쉽게 미움을 받습니다. 그래도 살면서 언젠가는 자신이 생각하는 만큼 대단하지 않다는 진실을 깨달을 기회가 옵니다.

그러나 당신은 실제로 능력이 있고, 사회 구성원으로서 활약하고 있습니다. 그러다 보니 실생활에서 자신이 [단순남]이라는 사실(평소에는 숨기고 있지만, 실제로는 자존심이 무척 세다는 사실)을 깨달을 기회가 좀처럼 없습니다.

"당신은 겸손해 보이지만, 알고 보면 거만해요.", "당신, 원래는 소심하죠?"라는 지적을 받으면 "소심한 면이 있으니까 오히려 일을 잘하는 거죠."라든가 "내가 거만해 보인다면 그건 프로의 자긍심 때문이에요."라며 곧바로 반박하고 싶지 않나요? "당신, 야한 거 밝히죠?"라는 지적을 받으면 "그야 당연하죠. 남자니까." 하고 대화를 끝맺으려고 하지요. 솔직히 인정하라는 말을 들으면 "인정해요." 하고 웃어넘기든가 반대로 화를 냅니다.

즉, 자존심을 지키기 위해 이상하리만큼 예민하고 약삭빠르게 반응합니다.

누군가 당신의 [아픈 부분]을 건드리려고 하면 당신은 무서운 속도로 도망칩니다.

머리로는 알지만, 결코 [자신의 문제]로 받아들이지 않습니다.

당신의 그 철벽같은 방어막을 무너뜨리려면 어떻게 해야 할까요? 바로 당신의 자존심이 통용되지 않는 세계에서 쓰라린 경험을 하는 수밖에 없습니다.

그런데 인제 와서 직업을 바꾸거나 하지 않더라도, 어쩌면 이 책을 당신이 읽기 시작했다는 점, 피부에 와닿지 않으면서도 책장을 덮지 않고 여기까지 왔다는 점을 보건대 이미 쓰라린 경험을 맛봤는지도 모릅니다.

예를 들면, 사회적인 분위기 때문에 마흔을 넘기기 전에는 꼭 결혼하고 싶은데 상대가 없다든지, 사랑하는 여자가 있지만 먼저 고백을 못 하고 있는 데다 본인도 그 이유를 몰라서 답답하다든지요.

여자도 바보가 아니므로(물론 그런 여자도 많지만) 당신과

결혼하면 전형적으로 '따분한 남편'이나 '폭군'이 되리라 예상되기 때문에 당신이 인기가 없는 겁니다.

그러면 당신의 그 주도면밀한(전부 간파당하고 있으니 정확히 말하면 어리석은) 고집과 천하제일의 단순함을 고치려면 어떻게 해야 할까요?

당신은 '단순하면서 소심한 사람'이니, 소심하면서 단순남 행세를 하는 사람과는 달리(사실은 피차일반이지만), 비호감의 원인이 '머리가 나쁜 탓'이라는 사실을 인정해야 합니다.

아무리 좋은 학교에 다니고 아무리 일을 잘해도 당신은 머리가 나쁜 사람입니다. 왜냐하면, 머리가 '굳어 있기' 때문이죠. '자신을 방어하려고' 애쓰니까요.

우선 '나는 고집이 세고 단순해서 인기가 없다.'라는 사실을 인정하면 당신의 그 거만함과 소심함을 고치고 싶어질 것입니다.

4
【오타쿠】 기질은
고치지 않아도 되지만

오타쿠에게는 '나만의 공간'이 있다

먼저, '난 절대로 오타쿠가 아니야.'라고 생각하는 분도 그냥 지나치지 마시기를 바랍니다.

지금까지 인기를 얻으려면 열중할 대상을 찾으라고 강조했는데, 그렇다면 【오타쿠】나 【워커홀릭】이 되어야 한다는 말일까요?

어느 정도는 그렇다고 할 수 있습니다.

그런데 '난 제법 열정적인 오타쿠(또는 워커홀릭)지만, 전혀 인기가 없는데…….'라며 실망하거나, '평범한 사람보다 오히려 여자들이 더 싫어한다고. 무슨 소리야?' 하고 화를 내는 독자도 있을 겁니다.

아니면 '나 같은 오타쿠가 여자들한테 인기가 없는 건 당연해. 내가 빠져 있는 취미(또는 일) 외의 분야에는 문외한이지만, 그래도 인기 있는 남자가 되고 싶어. 그래서 이 책을 열심히 읽는 거야.'라는 독자도 있겠지요.

물론 오타쿠의 가장 큰 약점이자 [일반인이 생각하는 오타쿠의 이미지]는 단순히 무언가에 빠져 있을 뿐 아니라, '그 무언가에 너무 빠져서, 그 무언가 때문에, 그 무언가에 빠져 있지 않은 사람(다른 세상 사람)과 커뮤니케이션하기 어렵다.'라는 것입니다.

현명한 독자라면 타인과 커뮤니케이션이 불가능할 정도로 깊이 빠지란 말이 아님을 이해하리라 생각합니다. 요지는 인기를 얻으려면 [타인과의 커뮤니케이션]이 중요한데, 커뮤니케이션을 할 때 너무 위축되지 않기 위해 자신이 좋아하는 대상을 찾아 '나만의 공간이 있다.'라는 자신감과 자부심을 만들라는 것이죠. 그 자신감이 지나쳐서 거만해지지 않도록 겸손한 자세를 유지하는 것도 중요하고요.

인기 있는 오타쿠와 인기 없는 오타쿠의 차이

오타쿠인데 인기가 없다고 화를 내는 독자들은 [나만의 공간]이 있다는 사실을 자각하고는 있으나 다른 세상 사람, 즉 일반인과 소통할 자신감으로 이어지지 않는 점이 문제입니다. 소통하는 방법을 모르거나, 아니면 용기 내서 소통하고 있지만 아무래도 사람들이 싫어한다는 느낌이 들겠지요.

'오타쿠가 [나만의 공간]이 있다는 자신감을 가지면 자연스레 거만해지고 비호감이 되므로 세상과의 골이 깊어질 뿐이다.'라고 생각할 수도 있습니다.

그런데 과연 그럴까요?

당신은 사람들이 비호감으로 느끼는 원인을 자신이 오타쿠인 탓으로 돌리고 있지 않나요?

하지만, 모든 오타쿠가 비호감은 아닙니다. 오타쿠라서 인기가 없다기보다 '당신은 원래 인기가 없는 남자, 즉 [자신이 커뮤니케이션을 하고 싶은 상대방과 같은 판에 끼지 못하는 남자]인데 그 현실에서 도피하기 위해 오타쿠가 되었다(무언가에 빠졌다).'라고 생각합니다.

오타쿠인데도 불쾌하지 않은 남자, 오타쿠인데도 인기가

있는(좋아하는 사람과 같은 판에서 놀 수 있는) 남자는 많습니다.

평범한 남자 중에도 인기가 있는 사람과 없는 사람이 있듯이, 오타쿠 중에도 인기가 있는 사람과 없는 사람이 있습니다. 생각해 보면 당연하지 않은가요? 그렇다면 인기 없는 '오타쿠'가, 열중할 대상과 나만의 공간이 없는 주체성 결여된 '평범한' 남자보다 여자에게 선택받을 확률은 높습니다.

오타쿠인데 인기가 없다면 그 사람이 오타쿠라는 사실과는 무관하게 단지 비호감이기 때문입니다. 오타쿠이기 전에 단순남이거나 소심남이라 인기가 없는 것이죠.

바꿔 말하면 [진정한 오타쿠]가 아니라는 뜻입니다. 한 가지에 열중하는 오타쿠의 특성이 긍정적인 [자신감]과 [겸손함]으로 이어지지 않은 경우입니다.

아니면 [진심으로 사랑과 섹스를 원하지 않으면서 입으로만 "여자들한테 인기가 있으면 좋겠어."라고 말할 뿐]일지도 모릅니다.

[섹스를 원하는 진정한 오타쿠]는 개방적인 여자 오타쿠(꽤 많습니다!)나, 본인은 일반인이지만 오타쿠 남성에 흥미를 보이는 개방적인 여자(있긴 있습니다)와 착실히 관계를 맺습니다.

[결혼을 원하는 진정한 오타쿠]는 같은 분야에 빠진 여자 오타쿠와 결혼하는 경우가 많지요.

여러분에게 한 가지 묻겠습니다. 당신은 정말 인기 있는 남자가 되기 위해 스스로 노력하고 있나요? "난 오타쿠니까."라는 말도 안 되는 핑계로 옷을 추레하게 입거나 지저분하게 다니지는 않나요?

이번에는 자신이 빠져 있는 분야에 여자 오타쿠가 많은데도 인기가 없는 남자들에게 묻겠습니다. 당신은 왜 같은 오타쿠 애인을 만들려고 하지 않나요? 예쁜 여자가 없기 때문인가요? 그런 비겁한 변명은 그만둡시다. 오타쿠 중에는 미인도 많으니까요. 혹시 그녀들의 행동이 비호감이기 때문인가요? 즉, 당신은 자신과 비슷한 부류의 사람이 싫은 건가요? 그렇다면 결국 당신은 자기 자신을 싫어하는 셈이나 마찬가지입니다.

당신이 오타쿠 친구와 겉으로는 [진한 농담]을 주고받으며 시시덕거리지만, 속으로는 서로를 혐오하고 폄하하는 이유도 그 때문인가요? 하지만 '유유상종'하는 법입니다. 그런 모습을 보며 일반인들이 '오타쿠는 역시 기분 나빠.'라고 생각하지요. 서로 싫어하면서 술자리에서는 아닌 척 낄낄 웃는 '못난 일반인'이 비호감인 것과 비슷합니다. 만약 계속 그 상태에 머물러 있으면 당신은 아무리 시간이 지나도 [진정한 오타쿠]가 될 수 없을 뿐더러 [진정한 오타쿠 친구]도 사귈 수 없습니다.

[비겁한 오타쿠]는 무언가에 열중해서 '주체'를 갖고자 했다기보다 단지 외로워서 같은 화제로 대화할 말동무가 필요했거나, 자기보다 '깊이 없는' 오타쿠에게 잘난 척을 하고 싶었을 뿐입니다. 이런 사람은 [나만의 공간]이 있다고 할 수 없지요.

[당신의 공간]이란 못난 동지들이 우글우글 모여드는 곳이 아니라, [당신이 혼자 있어도 외롭지 않은 장소]입니다.

그곳의 중심에 서서 자신감과 겸손함을 갖추고 '같은 분야에 빠진 사람', '다른 분야에 빠진 사람', '아무것에도 빠지지 않은 사람' 모두와 일정 수준의 커뮤니케이션을 하는 것이 오타쿠인 당신이 인기를 얻는 가장 이상적인 방법입니다.

인기 없는 오타쿠의 착각

화제를 조금 바꿔 보겠습니다. 애니메이션과 만화 얘기까지 하게 돼서 죄송합니다만, 제가 막 오타쿠가 되었을 무

렵, (그때는 오타쿠라는 인종이 사람들 눈에 띄기 시작할 무렵이기도 했습니다.) 〈시끌별 녀석들(うる星やつら)〉이라는 만화가 인기를 끌었습니다. 만화 자체가 무척 재미있었을 뿐 아니라 많은 오타쿠들의 연애관과 정신세계에 지대한 영향을 미쳤지요.

〈시끌별 녀석들〉은 어느 날 갑자기 나타난 미녀 우주인이 한 지구인 소년을 짝사랑하며 쫓아다닌다는 내용의 러브 코미디입니다. 당시 이 작품의 인기는 대단했고, 이후 여러 작가들이 비슷한 내용의 만화, 소설, 애니메이션, 게임, 야설 등을 창작해서 지금까지 생산되고 있습니다.

그런데 이런 작품은 '비겁한 남자 오타쿠'에게 제멋대로 해석할 여지를 제공하여 그들을 큰 착각에 빠뜨리기도 했습니다.

즉, '이 세상은 암울한 내가 살아가기 힘든 곳이지만, 이렇게 계속 기다리다 보면 언젠가 다른 세계에 사는 예쁜 요정이 날 찾아와서 사랑해 주고, 멋진 곳으로 데려다줄지도 몰라.'라는 환상을 심어 준 겁니다. 신데렐라 콤플렉스에 빠져 백마 탄 왕자님을 기다리며 공들여 화장하는 여자들보다 증상이 훨씬 심각했죠. 마치 '사랑의 도라에몽 환상'에 사로잡힌 듯하달까요?

하지만, 실제로 〈시끌별 녀석들〉은 전혀 그런 내용이 아닙니다. 주인공이 '암울하고 비겁한 오타쿠'이기는커녕 그냥 '오타쿠'도 아니거니와 미녀 우주인도 주인공을 멋대로 착각하게 내버려 두지 않습니다. 오히려 '남자와 여자 사이에는 간극이 존재한다.'라는 혹독한 현실을 소재로 한 상당히 냉정한 코미디지요.

그러므로 당신이 진심으로 인기를 얻고 싶다면 오타쿠든 아니든 이제는 꿈과 환상에서 깨어나 현실을 똑바로 바라봅시다. 현실에서는 예쁜 요정이 당신에게, 아니 그 누구에게도 절대로 찾아오지 않으니 당신이 현실의 여자에게 직접 다가가야 합니다.

아직도 환상을 버리지 못한 당신에게 묻습니다.

지금 이 책을 읽고 있는 당신, 진심으로 인기를 얻고 싶나요?

만약 당신이 '사랑의 도라에몽 환상'에 빠진 오타쿠라면 '인기가 없어도' 사는 데 별지장이 없는 것 아닌가요?

당신은 진심으로 인기를 얻고 싶은가?

'비겁한 오타쿠'는 심지어 '같은 오타쿠'에게조차 인기가 없지만, 그렇다고 그들의 존재가 무의미하다고는 생각하지 않습니다.

왜냐하면, 비겁한 오타쿠는 남에게 미움을 받을지언정 적어도 '주체성이 결여된(자신이 무엇을 좋아하는지 모르는) 인기 없는 남자'보다 나은 삶을 살 수 있으니까요.

비겁한 오타쿠가 '인기 없는 현실'을 견디다 못해 인터넷에서 증오와 분노를 쏟아 내거나 범죄 행위에 치닫는 것은 사회적 문제이므로, 그들은 자기 자신만을 위해서가 아니라 이 사회를 위해서라도 더 괜찮은 남자가 될 의무가 있습니다.

다만, [환상 속의 사랑]에 빠진 오타쿠가 현실의 여성에게는 그런 사랑을 절대로 요구하지 않으며, '섹스도 사랑도 결혼도 필요 없어. 애니메이션이랑 마스터베이션만으로 충분해.'라는 태도를 고수한다면 사회에 끼치는 피해도 없습니다.

자포자기 심정이나 반발 심리가 아니라, 진심으로 인기 따위 없어도 된다고 생각하는 사람은 현실의 인간관계에서 지나치게 소심해지거나 거만해질 이유가 없습니다. 그러면 당신은 단지 '취미가 독특한 사람'일 뿐 비호감은 아니지요.

그러나 현실에서도 달콤한 환상을 기대하거나 현실의 여성과 상냥한 요정을 모두 바라는 사람은 너무 뻔뻔합니다.

현실은 생각보다 냉정합니다. 진실한 연애든 일회성 섹스든, 여자가 착하든 아니든, 일이 뜻대로 풀리든 아니든 당신은 반드시 상처받게 되어 있습니다.

설령 당신이 '환상 속의 사랑'에 빠져 있는 사람이더라도 그 사실을 겉으로 드러내고 다니는 불쾌한 남자만 아니라면 '혼자 있어도 외롭지 않은 오타쿠'가 될 수는 있습니다. 당신이 현실의 여성을 원하지 않으니 인기를 얻지는 못하겠지만, 그 환상은 버리지 않아도 되지요.

어느 쪽을 선택할지는 당신의 몫입니다.

마지막으로 당부하겠습니다.

[나만의 공간]이 없어서 인기가 없는 일반 남자는 '나만의 공간을 만들려고 [무언가]에 열중하다가 오타쿠가 되면 어떡하지?' 하고 걱정하지 마세요. 오타쿠가 무조건 비호감이라는 생각은 편견이니까요.

인기를 얻고 싶다면 [비호감이 아닌 오타쿠], 남의 눈에 어떻게 비치는지 신경을 쓸 줄 아는 [진정한 오타쿠]가 되면 됩니다.

    결론은 역시 [오타쿠가 되어라]였습니다. 하지만, 좋아하지도 않는 대상을 억지로 붙잡고 있는 것은 '진정한 오타쿠 정신'에 어긋납니다. 진심으로 당신이 좋아하는 것에 열중하세요.

전반부 정리 및 후반부 소개

지금까지 살펴본 내용을 다시 한번 정리해 봅시다.

[불쾌한 단순남]은 같은 판에 들어와 있지 않은 상대에게 자신의 욕망을 밀어붙이는 사람입니다.

[단순하면서 소심한 사람]과 [생각이 너무 많은 소심남]은 '아무도 날 싫어하지 않았으면 좋겠어.'라고 바라거나, '다들 날 싫어해.'라고 겁을 먹는 탓에 욕망을 분출하지 못하고 상황을 더욱 악화시킵니다.

소심남이 아닌데 인기가 없는 사람은 여자들이 [불쾌한 단순남]이라고 느끼고 있으므로, 부디 '난 특별한 사람이야.', '연애 중에는 무슨 행동이든 용서가 되지.'라며 거만하게 행동하지 말고 겸손해지세요. 상대방이 바라지도 않는데 멋대로 고가의 선물을 건네는 것도 대표적인 거만한 행동입니다.

소심하면서 단순남인 척하는 사람은 '나는 원래 소심남인데 무리해서 단순남 행세를 하고 있다.'라는 사실을 솔직히 인정해야 합니다.

소심남이라서(또는 단순남이 겸손해져서) 자신감이 없는 사람은 자신이 무엇을 좋아하는지 곰곰이 생각한 후 자신이 좋아하는 것에 더욱 빠져 봅시다. 무언가에 열중하는 동안에는 자신감이 생기겠지요? 바로 그곳이 [당신의 공간]입니다. 당신의 공간을 기점으로 자기 자신에게 조금씩 애정을 느껴 보세요.

무언가에 열중하게 된 사람은 혹시 자신이 거만해지지 않았는지 되돌아봐야 합니다. 거만해지면 도리어 역효과이니까요. 거만함은 결코 [긍정적인 자신감]이 아닙니다. 상대방과 주변 사람들을 대할 때 늘 겸손하도록 유념해야 합니다.

이미 무언가에 빠져 있는데도 자신감이 전혀 없는 사람은 분명 방식에 문제가 있습니다. 무엇에 열중할지, 어떻게 열중할지를 다시 한번 점검해 봅시다.

 그런데 우리가 여자들에게 인기를 얻고 싶어 하는 이유는 단순히 성욕 때문만은 아니라고 생각합니다.
 인간은 분명 타인으로부터 "당신은 비호감이 아니에요."라는 보장을 받고 싶어 하는 욕구가 있습니다. 누군가에게 사귀어 달라고, 동침해 달라고 요구함으로써 자신이 비호감이 아니라는 사실을 확인하는 것이죠.
 속세의 의리가 얽혀 있지 않은 잘 모르는 여자가 하룻밤을 함께해 준다는 것은 당신이 비호감이 아니라는 증거입니다.
 같이 자고 싶은 여자에게 도저히 말을 꺼내지 못하는 사람은 '말했다가 거절당하면 어쩌지? 내가 진짜 비호감이라고 확인하는 꼴인데…….'라며 겁을 내고 있기 때문입니다.

 자신이 비호감일지도 모른다고 무의식중에 걱정하거나, 아니면 지나치게 의식해서 힘들어하는 사람이 많은데, 선천적으로 그런 걱정을 하지 않아도 되는 사람이 있습니다. 바로 [유쾌한 단순남]입니다. 여자들에게 인기 있는 유형이지요.

평상시 행동이 비호감이면서 다른 사람 눈에 '비호감'으로 비칠 거라고는 추호도 의심하지 않는 사람이 [착각하는 단순남]입니다. 이런 유형은 인기가 있을 리 없죠.

'난 빈틈없는 사람이니까 내 단점을 남들이 알 리가 없지.'라고 생각하는 사람은 [고집스러운 단순남]입니다. ([거짓된 자기 긍정을 하고 있다.]라고도 할 수 있습니다.) 자신감이 있는 듯 보이고 실제로 사회에서 잘나가는 사람이 많지만, 똑똑한 여자들에게는 인기가 없습니다.

'난 비호감일지도 모르지만, 그런 문제로 너무 고민하는 건 시간 낭비야.'라는 결론에 도달하여 더 이상 고민하지 않고, 될 수 있는 한 타인이 불쾌함을 느끼지 않도록 배려하는 사람이 '똑똑한 사람'입니다. 인기가 있지요.

하지만, 그렇게 똑똑하지 않더라도 인간은 열중할 대상만 있으면(즉, [마음의 고향]에 있으면) 고민할 필요 없습니다. 자신감도 생기고요.

그러므로 무언가에 열중하면서 똑똑한 사람의 '배려심'을 본받아, 주변 사람에게 거만하게 굴거나 비굴해지지 않도록 신경 씁시다. 인기를 얻을 수 있을 테니까요.

여담입니다만, 종교도 열중할 수 있는 대상의 하나입니다. 특정 종교를 믿는다는 것은 그 종교의 신으로부터 "당신은 비호감이 아닙니다."라고 보장받는 셈이죠. 그러나 같은 종교 신도 외에는 인기를 얻기 힘들다는 함정이 있습니다.

너무 열중해서 생긴 부작용인지는 모르지만, '남들이 불쾌하지 않도록 최대한 배려하는 것'을 잊고 사는 [비겁한 오타쿠]도 있습니다. 물론 여자들이 좋아할 리 없지요. 한 가지에 너무 푹 빠져 배려심을 잊은 경우도 있으나, 개중에는 '난 바빠서 남 신경 쓸 시간 없어!' 하고 오만하게 행동하는 사람도 있습니다. 여자들이 몹시 싫어합니다.

아직은 작업 걸지 마라

다음 장에서 소개할 [현실 여성과의 커뮤니케이션 훈련]은 비용이 듭니다. 쉬운 일은 아니지만, 자신이 몸소 번 돈으로 훈련하지 않으면 의미가 없습니다.

지금부터가 실전입니다. 두려워하지 말고 밖으로 나가 현실의 여성과 만나 봅시다.

그렇다고 길거리에 서서 지나가는 여자에게 작업을 거는 어리석은 짓부터 시작하자는 얘기는 아닙니다.

아니, 작업이 왜 어리석은 짓이냐고요? 작업은 쉬운 사람에겐 쉽고, 어려운 사람에겐 어려운 일이기 때문입니다.

밖에 나가면 남자들이 말 걸어 주기를 기다리는 (듯 보이는) 여자가 많습니다. 기가 센 여자나 무시하며 지나가 버리는 여자도 있지만, 당신이 말을 걸면 넘어올 만한 '쉬운' 여자도 많습니다.

과거의 연애 지침서들은 "작업을 기다리는 여자에게 말을 걸지 않는 것은 도리어 실례다."라는 주장을 펼쳤습니다. 물론 틀린 말은 아니지만, 그 책의 독자들을 위한 논리일 뿐 지금의 당신에게는 도움이 되지 않습니다.

당신이 '여태껏 작업을 걸어 본 적이 없으며, 작업을 걸고 싶은 의향은 있지만, 용기가 없는 남자'라면 아무리 연애 지침서에서 용기를 얻고 밖으로 나가 무작정 말을 걸어도 가장 쉬워 보이는 여자에게조차 차이고 맙니다.

왜냐하면, 남녀 간의 작업이야말로 [판]이 중요하기 때문이죠.

남자가 말을 걸어 주기를 기다리는 여자들은 당신처럼 '작업은 수단일 뿐, 그다음 단계의 연애나 섹스가 목적'인 남자를 원하지 않습니다. 게다가 당신의 속내는 빤히 보입니다. 바들바들 떨고 있든지 이글이글 타오르고 있든지 둘 중 하나지요.

그녀들이 기다리는 사람은 작업이라는 게임의 판을 미리 준비해 놓은 작업에 능숙한 남자, '밀당'으로 그녀들을 즐겁게 해 줄 남자입니다. 물론, 그런 남자들의 최종 목적도 섹스입니다. 다만 차이가 있다면 작업에 능숙한 남자들은 목적을 달성하기 전에 작업이라는 행위 자체를 진심으로 좋아하고 즐긴다는 점입니다. 여자를 즐겁게 하려고 무리하지 않고, 본인이 먼저 즐깁니다. 여자들도 기왕이면 그런 남자가 말을 걸어 주는 편이 좋지 않을까요?

눈빛이 음흉한 당신이 저지르기 쉬운 가장 큰 실수는, 마음이 성급한 나머지 작업을 싫어하는 여자에게까지 말을 거는 것입니다. 판에 끼어들 생각이 없는 상대방을 억지로 들이려고 하죠.

그러나 작업을 싫어하는 여자에게 작업 거는 남자는, 굳이 비유하자면 우연히 들어간 화장실 변기에 묻어 있는 오물이나 다름없습니다. '잘하는 남자도 타율 30%야. 차이는 것도 연습이지.'라는 말도 안 되는 근성을 발휘하여 오물 취급을 받고, 혐오 대상이 되고, 비호감으로 낙인찍히는 습관을 들이는 것은 바람직하지 않습니다.

그럼에도 불구하고 당신이 '작업을 즐기는 남자'가 되고 싶다면, 처음에는 오물 취급을 받아도 좋다는 강한 의지를 품고 '작업 매뉴얼 책'을 읽은 후 '작업이라는 판'을 어떻게 벌이는지 연구하세요. 그런 다음 매일 실전에 뛰어들다 보면 점차 작업에 능숙한 남자가 될지도 모릅니다.

· 3장 ·

어디서 만날까?
누구와 만날까?

1. 에로틱한 가게에서 연습하자

2. 어떻게 만날까?

1
에로틱한 가게에서 연습하자

당신은 여자들이 있는 업소를
어떻게 생각하는가?

앞 장에서 비호감의 원인과 해결 방법을 구체적으로 파악했다면, 이제 '여자와의 커뮤니케이션'을 실천할 시간입니다. 가장 먼저 할 일은 【여자들이 있는 업소】에 가는 것입니다.

당신은 【여자들이 있는 업소】에 대해 어떤 생각을 하고 있나요?

먼저, 이미 그런 업소에 다니고 있는 약 절반의 독자(인기 없는 남자) 여러분. 유흥업소에 푹 빠져 돈을 흥청망청 쓰지만, 심지어 그곳에서도 전혀 인기가 없는 [당신]은 분명 문제가 있습니다. 이번 장을 잘 읽고 [업소]에서의 태도를 재정비합시다.

만약 당신이 '여자들이 있는 업소에서 대접받는 건 즐겁지만, [손님이 아닌 한 남자로서 여자들에게 인기를 얻는 것]과는 별개의 문제야. 평범한 여자와 대화를 잘하지 못하는 나도 연애를 해 보고 싶어.'라고 생각하더라도 이번 장을 읽은 후 다시 한번 방문해 봅시다. 분명 도움이 될 만한 단서를 찾을 수 있을 테니까요.

'난 유흥업소에서 제대로 대접을 못 받는 것 같아. 여자들이 날 안 좋아해. 근데 접대 여성 말고는 날 상대해 주는 사람이 없으니 갈 수밖에 없어. 돈을 내니까 적어도 그런 여자들한테만큼은 인기가 있었으면 좋겠어……'라고 생각하는 [당신]. 절박한 심정은 이해하지만, 그런 마음으로는 원하는 것을 얻을 수 없습니다. 무엇이 문제인지 이번 장을 통해 알아봅시다.

나머지 절반의 독자는 아무리 인기가 없어도 프로 여성에게는 관심이 없다거나, 접대부가 있는 업소에는 가고 싶지 않다거나, 아니면 돈을 쓰면서까지 여자들의 환심을 사고 싶지는 않다고 생각할 겁니다. 그런 [당신]이야말로 일단 여자들이 있는 업소에 꼭 가 볼 것을 추천합니다.

이 책에서는 여자들이 있는 업소를 어디까지나 [현실에서 인기를 얻기 위한 연습의 장]으로 가정합니다. 사실 연습이라는 생각으로 마음을 차분하게 가라앉히고 가는 편이 '현실에서는 인기가 없으니 여기서라도 제발······.'이란 절박한 마음으로 갈 때보다 여자들에게 인기를 얻을 가능성이 큽니다. 그러면 연습 자체가 즐거워지니 일석이조의 효과가 있지요. 물론 그만큼 돈이 든다는 부작용은 감수해야겠지만요······.

여자들이 있는 업소에 가기 전에

이 책에서 말하는 '여자들이 있는 업소'는 크게 두 종류로 분류할 수 있습니다. ⓘ 대화만 가능한 업소와 Ⅱ 성적 행위가 가능한 업소입니다.

일본의 경우 ⓘ에는 캬바쿠라(여종업원이 객석에 앉아 함께

술을 마시거나 대화를 나누는 업소-옮긴이), 걸즈바(여성 바텐더가 있는 바-옮긴이), 스낵바(여주인이 카운터에서 술을 접대하는 주점-옮긴이), Ⅱ에는 **핑크살롱**(성적인 서비스를 제공하는 업소-옮긴이), 딜리버리헬스(자택이나 숙박 시설로 접대부를 파견하는 출장 업소-옮긴이), 소프랜드(목욕 시설이 갖춰진 장소에서 성 서비스를 제공하는 업소-옮긴이) 등이 있는데, 같은 종류의 업소라도 지역 조례에 따라 제공하는 서비스가 다릅니다.

Ⅰ의 메이드 카페나 Ⅱ의 전신 마사지숍 등은 흥미로운 곳이긴 하지만, [연습의 장]으로는 부적절합니다.

다만, 유흥업소에 관심이 없는 남성에게도 일단 방문해보라고 권한 이상, 안타깝게도 그런 업소 중에는 피해야 할 곳도 있다는 사실을 짚고 넘어가겠습니다.

번화가의 한복판에는 정신을 잃을 정도로 술에 취한 손님을 억지로 끌고 가거나, 화려한 말솜씨로 유인하는 가게들이 밀집되어 있습니다. 설령 그런 행위는 하지 않더라도 번화가는 임대료가 높아서 이용 요금이 비싼 편이지요.

가게 앞에서 호객 행위를 하는 '형님'들이 너무 위압적이면 들어가지 않는 편이 좋습니다.

유흥업소 정보는 인터넷에서 검색이 가능한데, 전화번호,

주소지, 점포명, 요금 시스템을 명확히 공개한 곳은 염려하지 않아도 좋습니다.

캬바쿠라의 경우 가게에 들어가서 여종업원에게 술을 따라 주거나 안주를 시키면 얼마나 드는지, 일정 시간 이상 있을 때 연장 요금을 고지해 주는지 등을 확인해야 합니다.

정상적인 업소라면 정중히 물어보는 손님에게 안내해 줍니다. 만약 알려 주지 않는다면 수상한 곳이니 지체 없이 밖으로 나옵시다. 단, 물어볼 땐 가게 내부에 있는 점원에게 물어봐야 합니다. 호객꾼이 한 말을 믿었다가 나중에 "우리 직원이 아니니 책임을 질 수 없다."라고 태도를 돌변하면 지갑이 탈탈 털릴 위험이 있습니다.

간혹 서비스로 술을 주는 경우도 있는데(캬바쿠라에서는 주로 일본 소주나 물에 탄 싸구려 위스키를 마음껏 마시게 함), 긴장을 풀려고 많이 마셨다가는 기분이 좋아져서 자기도 모르는 사이에 시간을 초과해 바가지요금을 내게 될 수도 있습니다. 물론 술에 취한 손님은 여자들이 싫어합니다.

당신은 술을 마시러 간 게 아니라 여자와의 커뮤니케이션 연습을 하러 갔다는 사실을 잊지 마세요.

커뮤니케이션을 연습하러 캬바쿠라에 가자

그렇다면 '여자들이 있는 가게'에서 무엇을 연습하면 될까요?

바로 '여자와 같은 판에서 노는 감각'을 경험하고 적응하는 연습입니다.

맨 처음 가기에 적당한 곳은 캬바쿠라입니다. 물론 술을 마시러 가는 것도 아니지만, 애인을 만들 목적으로 가는 것도 아닙니다.

애인이 없는 여종업원이 손님과 잠자리를 같이하거나 사랑에 빠지는 경우도 있기는 합니다. 하지만, 그럴 확률은 기껏해야 몇백 분의 일 정도겠지요. 여자에게 대시해도 문제 없는 곳이긴 하나, 그렇다고 대시에 성공할 수 있는 곳도, 애인을 만들 수 있는 곳도 아닙니다.

그렇다면 대시해도 의미가 없지 않으냐고요? 그렇지 않습니다.

캬바쿠라는 '현실의 육체와 감정을 지닌 여자를 좋아하고, 그녀에게 대시하는 [체험]을 하도록 허락된 가상의 공간'입니다.

'뭐야, 허무하잖아.'라고 생각해서는 안 됩니다. 눈앞에 있는 여자는 현실에 존재하니까요. 여기서 [연습]하지 않으면 어디서 연습을 하나요?

캬바쿠라는 강도 바다도 아닌 낚시터입니다. 인공적으로 만들어진 환경이라는 의미에서 가상의 공간이라 할 수 있지만, 이곳에는 현실의 다양한 여자가 존재하지요. 속된 말로 '물장사를 하는 여자'라는 전제가 깔려 있으므로 모든 유형의 여성을 만날 수 있는 건 아닙니다만.

그리고 직원 수가 어지간히 적지만 않으면 기본요금으로 머물 수 있는 시간을 한 시간이라고 가정했을 때 상대 여성을 약 2~4회 교체해 줍니다. 여러 명을 만나면 그중 마음에 드는 여자가 생길 확률도 높으니 가게 측에서는 당신이 단골이 되어 그녀를 [지명]하리라 기대하죠.

따라서 분위기가 좋다고 판단되면 두 사람이 더욱 친밀해질 수 있도록 상대 여성을 교체하지 않고 그대로 두기도 합니다. 어떤 가게에서는 곧 있으면 여자가 넘어올 것 같다고 (당신이 생각한) 시점에 여성을 바꿉니다. 흥분한 당신이 즉석에서 그 여성을 [장내 지명(손님이 가게에서 마음에 드는 여성을 지명하는 일-옮긴이)]해서 다시 부르게 하려는 속셈이죠. 이런 가게들은 전자와는 달리 '장사는 단기전'이라는 전략을 펼치는 것으로, 말하자면 경영 방침의 차이입니다.

지명을 하면 그 여성과 계속 시간을 보낼 수 있지만, 지명료가 가산됩니다. 이것이 캬바쿠라의 장사 수법인데, 당신은 [연습]을 하러 갔으므로 특정인을 지명하지 말고 대화 상대를 늘려 가세요. 좋아하는 스타일의 여성이 등장해도 꾹 참고 다양한 여자와 만나 봅시다.

한 점포의 한 여자에게 돈을 많이 쓰는 것보다 대화 상대를 계속 바꿀 수 있다는 시스템을 이용해서 제한된 시간 내에 가급적 많은 대화를 나누는 편이 좋습니다.

그러려면 '당신'이 적극적으로 말을 걸어야 합니다. 시간이 제한되어 있으니까요.

자, 두려워하지 말고 먼저 말을 겁시다.

이 책의 전반부를 정독하고 자신이 왜 비호감인지 진지하게 고민한 [당신]이라면 문제없습니다. 구두쇠 정신을 발휘해서 '앞에 있는 여자와 대화할 권리와 시간에 비용을 지불했으니 말을 안 하면 손해다.'라고 생각해도 좋습니다.

캬바쿠라에서 일하는 여성이 가장 싫어하는 손님은 입을 꾹 다물고 있는 사람입니다. 자신감을 갖고 상대방의 눈을 마주 보며 이야기하세요.

그리고 대화 도중에 위축되거나 거만해지지 않도록 주의하세요.

"일한 지 오래됐어요?", "고향이 어디예요?" 같은 질문으로 우선 상대방에 관해 조금씩 물어본 다음 당신에게 질문이 돌아오면 자신을 소개합시다.

먼저 말을 건 다음에는 시간제한이 있다는 점을 의식하며 초조해하지 말아야 합니다. 물론 상대 여성과는 언젠가 헤어질 시간이 옵니다. 그 사실을 인식은 하되 '몇 분 남았지?' 하고 걱정하지는 맙시다. 사실 걱정해도 소용이 없습니다. 헤어질 때가 오면 마치 운명처럼 웨이터가 그녀를 데려가 버리니까요. 그러고 보니 캬바쿠라는 인생 그 자체를 반영하는 곳이라는 생각까지 드네요.

한 가지 주의할 것은 본인 얘기만 늘어놓지 말고 상대방의 말도 경청해야 한다는 점입니다. 궁금한 것이 있으면 주저하지 말고 물어보되 너무 사적인 부분까지 파고드는 실수는 범하지 맙시다. 처음 만나는(하지만, 한동안은 당신 옆에 있어 줄) 여성과의 [건전한 커뮤니케이션]을 연습하는 자리니까요.

또 한 가지, 어깨 힘을 빼고 긴장을 풀더라도 예의는 지켜야 합니다.

도저히 긴장이 풀리지 않으면 상대방에게 솔직히 털어놓

읍시다. "전 자신감이 부족해서 여자와 제대로 얘기해 본 적이 없어요. 오늘은 여자와 대화하는 연습을 하러 왔으니 연습 상대가 되어 주세요."라고요.

당신이 그런 부탁을 하면 여자가 싫어할 것 같나요? 그러면 "소개팅 연습 상대가 되어 주세요."라고 하면 어떨까요? "다음 주에 소개팅이 잡혔는데 긴장이 돼서……."라고요. 그 정도 융통성은 발휘해도 되지 않을까요?

설령 실패하더라도 괜찮습니다. 그곳은 가상의 공간이고, 당당히 돈을 지불했으니까요. 대화를 나누다 어색해져서 상대방이 입을 다물어도 몇 분만 지나면 다른 여자가 찾아옵니다.

그렇다고 실패에 상처받지 말라는 뜻은 아닙니다. '아, 난 지금 이 여성과 대화가 안 통했구나…….'라는 사실을 깨닫고 경험치를 쌓읍시다.

그리고 어디까지나 연습이므로 한번 상처받은 다음에는 얼른 잊고, 기운 내서 다음 여성에게 새로운 마음으로 말을 건넵시다. 만약 분위기가 어색해졌는데 상대방을 교체해 주지 않는다면, 가게 측에 "분위기가 가라앉았으니 다른 분을 불러 주세요." 하고 부탁합시다. 물론 화장실에 가는 척하고 일어나서 당사자에게는 들리지 않도록 조용히 말해야겠지요. 그 정도 센스는 갖춘 남자가 됩시다.

한편, 어떤 가게가 좋은지, 어떤 가게에 예쁜 여자가 있는지 정보를 수집할 겸 캬바쿠라에 자주 다니는 친구와 처음 한두 번 동행하는 정도는 괜찮지만, 계속 같이 가는 것은 추천하지 않습니다.

그 친구가 분위기를 띄워서 혼자만 주목받고 당신은 대화에 끼지 못하는 상황이 발생할 수 있기 때문이죠. [당신의 연습 자리]이니 일단 적응이 되면 가능한 한 혼자 가서 일대일로 대화를 나눕시다. (가게가 한산할 때는 손님 한 명당 여러 여자가 배정되기도 하는데 그때는 다대일 상황을 연습할 기회입니다.)

한 가지 팁을 드리자면 되도록 이른 시간에 가는 편이 좋습니다. 여자도 피곤하지 않고 기본요금도 저렴하니까요.

그리고 주어진 시간에는 최선을 다합시다. 만약 상대 여성이 헤어질 때 전화번호나 이메일 주소를 가르쳐 준다면 당신의 승리입니다. 여자에게 이긴 것이 아니라 '당신의 비호감'을 상대로 멋지게 승리한 셈이죠.

민폐 손님

여종업원이 있는 업소에서 [금기시되는 행동과 태도]가 있습니다.

첫 번째는 돈을 냈으니 (그 업소에서 공식적으로 금지하는 행위 외에는) 무슨 짓이든 해도 된다는 식의 태도입니다. "돈을 냈으니까 서비스를 제대로 하란 말이야!"라는 거만한 태도는 절대 삼가야 합니다. 그런 남자는 나중에 자기 여자에게도 똑같은 행동을 할 사람입니다. "내 여자 친구니까.", "내 마누라니까." 하면서요.

두 번째는 설교를 늘어놓는 손님입니다. 예전부터 업소에서 일하는 여성들은 술 취한 사람과 비위생적인 사람, 그리고 본인도 손님이면서 "왜 이런 일을 해요? 이렇게 살지 말아요."라고 설교하는 사람을 제일 꼴불견으로 꼽습니다. 그 여성의 처지를 불쌍하게 여기는 것도 주제넘은 참견입니다.

가게 홈페이지에 올라온 사진이 마음에 들어 한껏 들떠서 지명했으나, 실제로 나타난 여자가 사진과 다르다고 불쾌한 티를 내서도 안 됩니다. 실물보다 잘 나온 사진을 쓰는 게 일반적이니까요.

유흥업소에 처음 발을 들인 사람들이 저지르기 쉬운 실

수 중 하나는 여자에게 푹 빠져 스토커 같은 행동을 저지르는 것입니다. 당신과 얘기를 나눠 주고, 당신의 농담에 웃어 주고, 당신의 손길에 반응해 주는 등 바깥세상의 여자들에게서는 기대할 수 없는 행동을 해 주는 그녀에게 감동한 나머지 사랑에 빠져서는 안 됩니다. 아니, 그 순간은 사랑해도 되지만, 가게 밖으로 나와서까지 못 잊는 것은 절대 금물입니다.

당신이 여자에게 어떤 환상을 품든 그녀는 당신을 그저 수백 명의 손님 중 하나로 여길 뿐입니다.

설마 '내가 그녀를 딱한 처지에서 구해 주겠어!'라는 어리석은 생각을 하는 사람은 없겠지요? 그런 어리석고 비참한 딱지를 떼기 위해 이 책을 읽고 있는 것 아닌가요? 자신의 망상을 타인에게 강요하는 짓은 그만둡시다. 【상대방에게 민폐】를 끼치는 행동이니까요. 그런데 아무리 입 아프게 말해도 사랑에 빠지는 사람들이 꼭 있습니다. 부디 독자 여러분 중에는 스토커로 체포되는 사람이 없기를 바랍니다.

앞서 말했듯이 유흥업소는 가상의 공간이자 연습의 장입니다. '잡아도 가져가면 안 된다.'라는 규칙이 적용되는 낚시터지요. 그 규칙을 지켜야 합니다.

우리가 돈을 내는 이유는 "손님은 왕이다."라며 으스대기 위해서도 아니고, 사랑할 권리를 사기 위해서도 아닙니다. '확실한 대화'와 '확실한 여성의 역할'을 해 주니 괜히 긴장

할 필요도 없고, 행여 실패하더라도 상대 여성과는 두 번 다시 만나지 않으면 그만이니 어색해질 필요도 없다는 보장을 받기 위해 지불하는 것이죠. 그야말로 [연습]입니다.

(이 장에서 다루는 내용은 어디까지나 일본에서 가능한 이야기입니다. 우리나라의 실정에 맞게 판단해 주시기 바랍니다. 예를 들어 일본의 캬바쿠라는, 여성 바텐더가 있는 바bar 정도로 대치해서 이해하면 되겠지요? 절대 불법적인 업소를 이용해서는 안 됩니다. – 편집자 주)

2
어떻게 만날까?

이제 일반 여자를 만날 차례.
그런데 주변에 여자가 없다면?

자, 연습은 충분히 하셨나요?

이제 상대방과 같은 판에 낄 수 있게 되었나요? 아직은 모르겠지요.

하지만, 당신이 너무 소심하게 행동하거나 거만하게 굴지만 않았다면, 적어도 [유흥업소]에서는 여자들이 싫어하지 않았으리라 생각합니다. 현실에서 당신이 '좋아할 여성' 역시 마찬가지입니다.

지금까지의 과정을 잘 따라왔다면 현실 여자와 대화하는

연습과 연애할 준비는 끝났습니다. 그러나 독자 여러분 중에는 '내 주변에 여자라고는 눈 씻고 찾아봐도 없어.'라는 분도 있을 겁니다. 남중, 남고를 졸업한 후 온통 남자뿐인 직장에 다니는 사람도 있을 테니까요.

주변에 여자가 없는 사람이나 여자가 있긴 있지만 이미 비호감으로 낙인찍혀 도저히 만회할 수 없는 사람이나, 주변 여자를 좋아하면 해고당하는 직장에 다니는 사람은 소셜 네트워크(SNS)에서 [취미 동호회]를 찾아봅시다.

이러한 '새로운 공간'은 지금까지의 '당신'을 (어느 정도) '초기화'하고 들어갈 수 있다는 장점이 있기 때문이죠.

'소심함을 고치는 과정'에서 발견한 당신이 좋아하는 것, 당신이 열중하고 싶은 대상, 그리고 당신의 마음의 고향을 접점으로 새로운 친구(특히 이성 친구)를 늘려 보면 어떨까요?

소셜 네트워크의 오프라인 모임을 노리자

온라인 모임뿐 아니라 실제로 만나서 교류할 수 있는 커뮤니티, 폐쇄적으로 운영하지 않고 정기적으로 새로운 구성원을 모집하는 커뮤니티를 추천합니다.

[연구회] 같은 모임도 좋지만, 회비가 너무 비싼 곳(처음에만 저렴하고 갈수록 비싸지는 곳)이나 회원에게 의무적인 행위를 요구하는 곳은 수상하니 주의합시다.

이러한 요건을 고려하면 '동호회 오프라인 모임'이 제격인데, 여기서도 주의해야 할 점이 세 가지 있습니다.

첫째, [이성과의 만남이 주목적인 커뮤니티]는 피할 것. 결혼 상대를 찾는 커뮤니티의 경우 다들 똑같은 목적으로 모이기 때문에 여자들도 처음부터 남자의 외모, 수입, 성격을 따지기 마련입니다. 당신은 (아마) 불리하겠지요. 그런 모임에서는 이따금 단체 미팅도 개최하는데, 당연한 말이지만, 결국 몇몇 사람이 인기를 독차지합니다.

취미든 학습이든 분야는 상관없으나 '이성과의 만남'을 주목적으로 하는 동호회는 피하는 편이 좋습니다.

둘째, 지나친 욕심은 삼갈 것. 우선 말이 잘 통하는 이성을 찾되 너무 성급히 다가가지 말고 '자연스러운 커뮤니케이션'부터 시작합니다.

예를 들어, 그녀와 온라인에서 동호회와 관련된 주제로 이야기가 잘 통했다고, 일면식도 없는 사람에게 느닷없이

"둘이 만납시다!" 하고 요청하면 안 됩니다. 성급하게 행동하지 마세요.

여자를 만나고 싶어 하는 마음 자체는 나쁘지 않지만, 그 속내를 당사자나 다른 회원들에게 들키면 비호감으로 여겨집니다. 무엇보다 당신은 아직 그녀와 '같은 판'에 들어와 있지 않습니다.

우선은 자신의 진짜 목적, 즉 [인기를 얻는 것, 여자와 친해지는 것, 섹스하는 것, 애인 사귀는 것]을 아예 잊어버릴 정도로 동호회를 즐겨야 합니다.

셋째, 여자를 사귀겠다는 목적을 잊고 동호회 활동을 즐기는 동안, 잘 아는 분야가 화제로 떠올라도 아는 것을 너무 자랑하지 말 것. 그 화제에 심취한 나머지 혼자서 떠드는 등 [당신의 마음의 고향]을 과시하지 않도록 주의합시다.

예를 들어, 당신이 영화나 애니메이션이나 만화 동호회에 가입했다면 '내가 아는 것을 자랑할 마음은 없지만, 지금 얘기하는 작품은 정말 수작인데(또는 졸작인데), 상대 여자도 이 동호회에서 활동하니까 그 정도는 알고 있겠지. 만약 모른다면 내가 알려줘야 해.'라고 생각할지도 모릅니다. 하지만 당신이 '일방적으로 떠드는 것'을 과연 [커뮤니케이션]

이라고 할 수 있을까요?

인기를 얻으려면 당신 혼자만 즐겨서도 안 되고, 다른 사람에게 당신의 잘난 면을 과시해서도 안 됩니다.

그런 점에서 '자신이 푹 빠져 있는 취미 동호회'보다는 [관련은 있지만, 조금 벗어난] 동호회가 좋습니다. 공통된 화제로 여자와 교감하며 좋은 관계를 만들어 갈 수 있으니까요.

자신의 고집을 관철할 수 있는 곳이 아닌, 새로운 생각을 흡수할 수 있는 커뮤니티를 고르면 어떨까요? 당신이 '배울 것도 있고, 배울 수도 있는 곳'을 찾아놉시다.

상대방의 이야기를 경청하자

현재 인기가 없는 [당신]이 인기를 얻으려면 '상대방과 대화할 수 있는 수준'이 되어야 합니다.

그런데 [대화한다.]라는 말이 정확히 무슨 의미일까요?

평상시에 상대방과 그냥 말을 주고받는 것과 어떻게 다를까요? 물론 상대가 여자라면 그냥 말을 주고받기조차 어렵겠지만요.

대화란, 우선 상대방의 말을 경청하고 자기만의 잣대로 [판단]하거나 단정 짓지 않으며 자신의 속마음을 드러내는 활동입니다. 이는 유흥업소에서 시간을 보내거나 성행위를 하기 전 교감을 나눌 때도 필요하며, 심지어 성행위를 잘하기 위한 비결이기도 합니다.

'대화를 할 수 있다.'라는 말은 곧 '상대방과 같은 판에 낄 수 있다.'라는 의미지요.

지나가다가 모르는 여자에게 작업을 거는 경우에는 '처음 몇 분 안에 주도권을 잡는 것'이 중요할지 몰라도, 동호회나 취미 모임에서 만난 여성에게는 우선 '그녀가 어떤 생각을 하는지, 어떤 감정을 느끼는지' 물어봐야 합니다.

'듣는다.'라는 것은 단순히 귀라는 감각 기관을 통해 소리를 받아들인다는 느낌이 강한 데 반해, '경청한다.'라는 것은 성의껏 귀 기울여 말, 소리, 음악을 머리와 마음으로 받아들인다는 의미가 강합니다.

여자의 환심을 사기 위해 듣는 시늉을 하며 고개만 끄덕이거나, 상대방이 말하는 동안 머릿속으로는 '다음에 무슨 말을 하지?' 하고 계산하고 있다면, 당신은 그녀의 얘기를 '경청'하고 있지 않은 것입니다.

일러스트레이터 아오키의 조언

(뭐? 필요 없다고요? 그래도 들으세요!!)

여자에게 '너'라는 지칭은 쓰지 않는 게 좋아요.

의외로 중요하니 기억해 두세요···.

그리고 상대방은 당신이 경청하고 있지 않다는 것을 알고 있지요.

더 중요한 사실은 경청하겠다는 의욕이 앞선 나머지 결코 [거만해져서는 안 된다.]라는 점입니다.

자신의 잣대로 상대방을 '재단'해서는 안 됩니다.

예를 들어, 여자의 이야기를 듣다 보니 그녀가 고민하는 눈치여서 그 상황을 분석해 주거나 충고를 하면, 처음에는 상대방이 고맙게 여길지도 모르지만, 나중에는 분명 불쾌하게 생각합니다.

이는 '커뮤니케이션'이 아니라 상대방을 '컨트롤'하려는 행동이기 때문입니다.

만약 상대방이 정색하거나, 반대로 주눅이 들었더라도 그에 대해 좋다는 둥 나쁘다는 둥 판단하거나 설교를 늘어놓지 말고, 그렇다고 무시하지도 말고 오로지 '경청'해야 합니다.

별것 아닌 듯 보이지만, 인기가 없는 당신에게는 꽤 어려운 일입니다. 하지만 아주 중요하지요.

거만하지 않은 자세로 상대방의 이야기를 경청하는 것, 즉 '상대방과 같은 판에 들어가는 것'은 '당신이 상대방의 이야기를 듣고 달라질 가능성', 당신에게 [변화할 의지와 용기]가 있다는 의미입니다.

인기를 얻고 싶어서 동호회에 가입해 놓고 '난 달라질 필요 없어.'라는 태도로 일관하면 상대방도 눈치를 챕니다. '여자를 사귀고 싶어 하는 속마음'이 아니라, '여자를 사귀고 싶으면서 정작 본인은 달라지려고 하지 않는 이기심, 자신의 변화를 두려워하는 비겁함'이 보이는 것이죠.

그러면 상대방은 '대체 이 사람 왜 온 거지? 비호감이야…….'라고 생각할 수밖에요.

자신의 변화를 두려워하지 않고, 상대방의 말을 주의 깊게 경청하면 [커뮤니케이션]으로 발전합니다. 상대방에게 저자세를 보이거나 아첨을 떤다는 말이 아니라 겸손해졌다는 뜻입니다.

변화를 두려워하지 말라고는 했으나, 상대방에게 영향을 받거나 세뇌당하라는 의미는 아닙니다. 당신의 마음의 고향까지 바꾸란 얘기가 아닙니다.

그러나 이성을 만나다 보면 '마음의 고향에 대한 생각'이 변하기도 합니다. 그렇다고 두려워할 필요는 없습니다. 오히려 환영할 만한 일이지요.

사람은 [마음의 고향]이 있으면 자신 있게 상대방과 같은 판에 낄 수 있습니다.

마음의 고향을 확실히 가진 사람, 자신이 무엇을 좋아하고 무엇을 하고 싶은지 파악하고 있는 사람은 그것을 상대방에게 강요하지 않아도 자연스레 전해집니다.

음흉한 눈빛은 금물

인기도 없으면서 연애와 섹스는 하고 싶어 하는 남자 중에는 눈빛이 '음흉한' 사람이 있습니다. 눈빛이 반짝반짝 빛나는 것이 아니라 번쩍번쩍 번뜩인다고 해야 할까요? 그런 눈빛으로 쳐다보면 당연히 저질스럽게 보이겠지요.

눈빛이 음흉한 사람은 일반적인 '야한 남자'나 '육식남'과는 다릅니다. 육식남인데도 눈빛이 음흉하지 않으면 여자들이 섹시하다고 생각하죠. 여유가 있기 때문입니다.

그런데 거만하면서 음흉하고, 소심하면서 음란한 남자도 있습니다. 어떤 이미지인지 쉽게 연상이 되지요?

추측하건대 이 책의 독자 중에는 음흉한 눈빛 때문에 인기가 없는 사람도 있을 겁니다. 여자들은 음흉한 눈빛으로 쳐다보는 남자를 불쾌하게 여기니까요.

똑같은 '불쾌함'이라도 거만함, 저질스러움, 소심함은 자신이 '그런 상태'라고 자각하면 개선될 여지가 있습니다. 이 책에서 "내가 [인기가 없는 원인]을 먼저 파악하자."라고 거듭 얘기했던 이유도 그 때문이고요.

하지만, 음흉한 눈빛만큼은 설령 자각하더라도 스스로 고치기가 쉽지 않습니다.

여자들은 그런 남자를 외면하든가, "기분 나쁘게 쳐다보지 마세요."라며 정곡을 찔러 상처를 줍니다.

만약 '어쩔 수 없네. 닳는 것도 아닌데 원하는 만큼 해 주지.'라고 결심하는 천사 같은 여인이 연달아 여러 명 나타나면 음흉한 눈빛이 고쳐지긴 하겠지만, 그런 행운이 우리에게 찾아올 리 만무합니다.

그러면 이 문제를 해결할 방법은 무엇일까요?

음흉한 속내를 솔직하게 드러내자

우선 자신의 음흉한 속내를 감추려 들거나, '난 타락했어. 여자들이 싫어하는 게 당연해······.'라며 자책하지 마세요.

(자책하다가 자기혐오에 빠지면 '어두운 사람'이 됩니다.) 자신에게 음흉한 구석이 있음을 인정하고, 그런 자신을 용서합시다.

'속내를 드러낸다.'라는 말은 '상대방에게 현재의 자신을 있는 그대로 드러낸다.'라는 의미입니다. 단지 속마음을 털어놓는 것과는 다릅니다.

당신이 보여 주고 싶은 모습, 꾸며 낸 모습을 무조건 받아들이라고 강요하는 것도 아니고, 나약하고 부족한 자신을 용서해 달라고 기대는 것도 아니며, 그런 자신이 추악하다고 자기 비하하라는 것도 아닙니다. 자신을 있는 그대로 보여 주고 그 모습이 어떻게 받아들여질지는 상대방에게 맡겨야 하지요.

상대방의 이야기를 겸손하게 경청하는 데서 그치지 않고 자신을 솔직하게 드러내면, 당신의 음흉함은 도리어 사람들에게 '웃음'을 안겨 줄 수 있습니다.

당신은 인기 많은 남자나 유머러스한 남자처럼 다른 [사람들을 즐겁게 할 능력]은 없을지 모릅니다. 하지만, 사람들과 대화하면서 음흉한 자신의 모습을 꾸밈없이 드러내면, [사람들에게 웃음을 줄 수]는 있습니다.

당신이 없는 곳에서 몰래 당신을 비웃는다는 말이 아닙니다. 그건 당신이 비호감이란 뜻이니까요. 누군가가 당신에게 악의를 품고 사람들 앞에서 놀림거리로 만든다는 말도 아닙니다. 그건 따돌림이지요. 차이를 알 수 있나요?

당신이 자신의 솔직한 면을 드러내서(일부러 희화하거나, 무조건 자신을 이해하라고 강요하는 것이 아니라 그냥 드러내서) 웃음을 주면 사람들의 마음이 열립니다.

그러면 아주 놀라운 변화가 생깁니다. '사람들'이 아닌 '당신'에게 생기지요.
바로 당신의 기분이 홀가분해집니다.
속는 셈 치고 한번 해 보세요.

자신을 '방어하려고' 애쓰지 않으면 당신은 마음의 짐을 덜 수 있습니다. 그런 당신을 보고 여자들은 '[약간 비호감이지만, 기분 좋아 보이는 저 사람]과 얘기해 보고 싶네.'라고 생각하게 됩니다.

• 4장 •
어떻게 '연애'를 할까?

1. 당신 안에 사는 슈퍼 히어로들

2. 어떤 여성에게 다가갈까?

3. 변태적 섹스에 관해

4. 당신 안의 여자

1
당신 안에 사는 슈퍼 히어로들

[착한 남자]가 되어 버린 [당신]

당신은 자신이 [단순남이거나 소심남]이라는 사실을 깨닫고 [마음의 고향]을 찾은 결과, 혼자 있어도 외롭지 않은 [나만의 공간]을 갖게 되었습니다. 유흥업소에서 [현실의 여자와 상대하는 법]을 연습한 다음, 동호회에서 다른 사람의 이야기를 경청하고, [변화]를 두려워하지 않으며, 자신을 [있는 그대로] 드러낼 수 있게 되었습니다. 상대방과 같은 판에 뛰어들 수 있는 사람이 되면서 비호감이라는 이미지에서 벗어났습니다. 그리고 이성 친구도 몇 명쯤 생겼지요.

그런데도 당신은 아직 '여자 친구'가 없습니다.

이런, 도대체 원인이 뭘까요?

이제 단순남도 소심남도 아닌 [당신]이 '여자에게 다가가지 못하는 이유'는 '착한 남자'가 되어 버렸기 때문입니다.

당신의 내면에는 여자들과 더 친해지고 싶다는 욕망과 성욕이 있지만, 막상 눈앞에 있는 여자에게 그 마음을 전하지 못합니다. 물론 그녀는 당신의 마음속에 연애 감정과 성욕이 꿈틀거리고 있는 줄은 상상도 못 하고 있지요.

왜냐하면, 당신 스스로 자신의 캐릭터를 '여자를 유혹하지 않는 남자'로 정해 버린 탓입니다.

잠시 다른 이야기를 하자면, 제가 어린 시절에는 TV 속에서 '독수리 오형제', '파워레인저', '컴배틀러V' 같은 슈퍼 히어로(hero)들이 지구의 평화를 지켰습니다. 그런 히어로들은 여전히 지구를 지키느라 맹활약을 하고 있는데, 요즘에는 꽃미남 배우들이 연기를 맡다 보니 모든 히어로가 '제각기 멋있는' 캐릭터가 되었습니다. 40여 년 전만 해도 [열혈남 리더]와 시크한 분위기를 풍기는 [넘버투 쿨가이]만

멋진 캐릭터였고, 다른 히어로들은 [식탐이 많아서 미련해 보이는 뚱보] 아니면 [겁이 많은 꼬마]였죠.

[착한 남자]인 당신은 직장이나 동호회, 동창 모임 등의 인간관계에서 자신의 캐릭터를 필요 이상으로 '조연'으로 못 박고 있지 않나요? 이제는 [단순남]이나 [소심남]이 아닌데도 말이지요.

무의식중에 '난 못생긴 뚱보(또는 안경 쓴 꼬마) 캐릭터야. 열혈남이나 쿨가이는 어울리지 않아. 여자한테 고백해도 분명 차일 거야.', '아직 여자에게 고백할 자격이 없어.'라고 생각하지는 않나요? 당신을 그 역에 캐스팅한 사람은 아무도 없는데 말이죠.

만약 그렇다면 당신이 '착한 남자'가 되면서 생긴 부작용이거나, '비호감'이었던 시절의 소심함이 남아 있는 영향일지도 모릅니다. 하지만, 당신이 그 상태에서 벗어나지 못하면 아무리 시간이 지나도 그녀는 [당신의 존재]를 알아채지 못할 겁니다.

그렇다고 본인은 물론, 주변 사람까지 모두 당신을 주연감이 아니라고 생각하는데, 갑자기 꽃미남 주인공 행세를 하기 시작하면 이 또한 난처하기는 마찬가지입니다. 본인도 민망해지고요. 여기서는 부끄러워할 줄 아는 사람이 정상입니다. 사랑에 빠졌을 때 '나는 특별하다.'라고 생각하는 것은 자의식 과잉이자 비호감이라고 앞에서 설명했죠.

그러므로 평소 인간관계에서 너무 갑자기 '주인공'이나 '넘버투' 캐릭터가 되려고 애쓰지 맙시다.

당신 안의 여러 캐릭터

당신은 다섯 명의 히어로 중 어느 한 명이 아닙니다. '멋진 히어로'도 '못난 히어로'도 아니고, 히어로들의 팀(team) 그 자체지요. 당신의 마음속에 파워레인저가 있다고 상상해 보세요. 그 전사들이 모두 당신입니다.

히어로들은 한 가지 목적을 이루기 위해 모였습니다. 지구를 지키는 것……, 이 아니라 바로 당신의 여자 친구를 만들기 위해, 당신의 인기를 얻기 위해서죠!

다섯 히어로, 아니 그 이상의 전사들은 각자 다른 개성을 지녔습니다. 즉, 당신의 내면에는 아주 다양한 캐릭터가 존재합니다.

[본래의 당신]이 어떤 사람인지는 차치하고, [그녀가 생각하는 당신]은 어떤 사람인가요? [소극적이면서 유머러스한] 사람인가요? [서글서글하면서 나약한] 남자인가요? 어쨌거나 '그 캐릭터가 그녀를 유혹하는 것'에 실패했다는 사실은 분명합니다.

당신이 그녀를 사랑하는지 잠자리만 함께하고 싶을 뿐인지는 모르나, 당신 안의 [열혈남 리더]는 자신의 감정에 솔직한 열정적인 남자입니다.

그 열정을 '당신 안의 히어로'답게 말이 아닌 행동으로 먼저 보여 줍시다. 예를 들면, 좋아하는 여자의 짐뿐만 아니라, 가능한 한 다른 여자들의 무거운 짐도 들어 주는 것이죠.

무작정 제일 예쁜 여자의 짐만 들어 주거나, 들어 주고 싶어 하는 남자는 비호감이니 주의합시다. 히어로는 그런 행동을 하지 않습니다.

그리고 당신이 자신의 음흉함으로 사람들에게 웃음을 선사할 수 있는 정도가 되면, 좋아하는 여성에게 "내 눈빛이 번뜩이는 건 당신이 매력적인 탓이에요!" 정도의 농담은 해도 괜찮습니다. 말했다시피 열혈남이니까요.

다만, 이 캐릭터가 리더라는 이유로 전부 맡겼다가는 과한 열정으로 일을 그르칠 수 있으니 적절한 순간에 넘버투로 교체해야 합니다.

이 캐릭터는 평소의 당신이라면 절대로 보이지 않을 [멋진 모습]을 그녀 앞에서만 슬쩍 연기합니다. 예를 들면, 그녀의 옷과 머리 스타일을 칭찬한다든지요.

그녀와 같은 판에 들어갔다고 판단되면 달콤한 선물을 건네 보세요. 낯간지러운 '사랑의 말'도 속삭여 보세요. 괜찮습니다. 당신이 아니라 '당신 안의 시크한 쿨가이'가 하는 행동이니까요. 그는 그런 행동이 어울리는 캐릭터입니다.

만약 그녀가 당신에게 관심을 보이는 듯하면, 즉 그녀와 같은 판에 낄 수 있게 됐다고 판단된다면, (이쯤 되면 둘만 있을 기회가 옵니다. 그런 기회가 오지 않으면 아직 '때'가 되지 않았다는 뜻이니 기다립시다.) 두 눈을 똑바로 바라보며 "당신을 좋아해요. 나랑 사귀어요.", 또는 "당신과 자고 싶어요. 오늘 밤 함께 있어요."라고 말합시다. '열정적'으로 말할지 '쿨하게' 말할지에 관해서는 뒤에서 기술합니다.

이때 가장 중요한 점은(가장 어려울지도 모르지만) "나랑 사귀어요.", "오늘 밤 함께 있어요.", "사랑해요."란 말에 "싫어요.", "안 돼요."라고 거절당했을 때 절대로 의기소침해지거나 매달리지 말고 그 자리에서 단념하는 일입니다. (거절당했다고 화를 내는 건 당치도 않습니다.) "열 번 찍어 안 넘어가는 나무 없다."라는 옛말을 믿고 집착하면 안 됩니다.

그녀가 당신의 고백을 거절했다는 이유로 당신의 모든 면이 거절당하고 부정당한 것은 아닙니다.

당신 안의 캐릭터 중 '그 시점에 어울리지 않는 녀석'이 나온 탓에 그 녀석이 거절당한 것이니 너무 낙담할 필요는 없습니다.

'친해지고 싶다.', '사귀고 싶다.', 또는 '같이 자고 싶다.'라는 당신의 마음이 그녀에게 전해졌고, 그녀의 '싫다.'라는 의사도 당신에게 정확히 전해졌습니다. 양쪽으로 전해졌다는 말은 당신이 비호감이 아니라는 뜻입니다.

거만하거나 소심하게, 말없이 음흉한 눈빛만 번뜩거리던 시절에 비하면 대단한 발전이지요.

그 밖에도 내 안에 숨겨진 다른 캐릭터를 그녀 앞에서 하나씩 꺼내 봅시다.

좋아하는 여자, 관심 있는 여자가 생기면 내 안에 '의외로 다양한 면이 있었구나.'라는 사실을 깨닫게 됩니다. 내 안에 잠재된 캐릭터를 하나둘 세어 볼 기회지요.

열혈남이든 쿨가이든 자기 내면의 '여러 캐릭터'를 꺼냈다 집어넣었다 하면서 그녀에게 일방적인 애정 공세를 펼치다 보면 당신은 제풀에 지쳐 나가떨어질지도 모릅니다. 애정 공세를 받는 쪽도 힘들기는 마찬가지고요.

그럴 때는 가끔 그녀 앞에서 [여유 넘치는 캐릭터]를 꺼내 보세요.

이 캐릭터는 아무런 행동도 취하지 않지만, 그렇다고 '땡땡이'를 부리거나, 그녀에게 '무관심'인 태도를 보이거나, '딴마음'을 품지는 않습니다. 다만 그녀와 둘이 있을 땐 여자보다 먼저 무장 해제를 하고 여유를 부립니다.

소심함을 극복한 지 얼마 안 된 당신에게는 상당히 어려운 기술이지만, 억지로라도 여유를 부려 보도록 노력하세요.

당신이 먼저 여유를 느끼면 그녀의 마음에도 여유가 생길 테니까요.

가령 당신이 식탐이 많은 사람이라면, [식탐이 많은 당신]의 먹는 모습을 보며 그녀는 '많이 먹는 사람이구나……'라는 생각밖에 하지 않습니다. 하지만, [열정적인 당신]이나 [쿨한 당신]이 그녀에게 고백한 다음이라면 상황은 달라집니다. [식탐이 많은 당신]을 보면서 '맛있게 먹는 사람이구나…….' 하고 생각할지도 모릅니다.

평소의 당신이 '착한 남자'이더라도 그녀 앞에서는 '쿨가이'로 변신해도 괜찮습니다. 그렇다고 그녀에게 멋있는 모습만 보여 줄 필요는 없습니다. 오히려 적당한 시기를 봐서 '부족한 면'을 보여 주는 편이 좋지요.

당신 안의 여러 캐릭터 중 어느 하나만 편애하지 말고 골고루 꺼내 보세요. 상황에 따라 적절한 모습을 보여 주는 남자가 여자들의 마음을 얻습니다.

2
어떤 여성에게 다가갈까?

연애를 하려면

당신 안의 열혈남이 열정적으로 유혹하고, 당신 안의 쿨가이가 커다란 꽃다발을 건넬 여자는 어떤 사람인가요?

당신은 어떤 여자를 좋아하나요?

시중의 많은 연애 지침서가 "일부러 미녀를 노려라."라고 주장합니다. 대체로 남자들은 미녀 앞에서 위축되기 때문에 의외로 미녀들이 애인이 없다든가, 미녀는 고생을 모르고 자라서 성격도 좋다든가, 겉은 새침해 보이지만 속은 여려서 넘어올 확률이 높다든가……. 이쯤 되면 지은이의 판타지를 나열한 게 아닐까 싶습니다.

미녀가 고생을 모르고 자란다는 말은 사실이 아닙니다.

미녀는 미녀대로, 미녀가 아니면 미녀가 아닌 대로 '여자로서의 고충'이 있지요. 여자의 자의식이 한번 뒤틀리면 인기 없는 남자의 뒤틀린 자의식에 필적할 만큼 중증인 경우가 많습니다.

외모가 예쁜 여자에게 반하는 것도 좋지만, 솔직하고 성격 좋은 여자, 남자한테 사랑받는 일이 익숙한 여자, 즉 자존감이 너무 낮지도 높지도 않은 자연스러운 여자 ("미인이시네요."라고 칭찬했을 때 "전혀 아니에요!" 하고 강력히 부정하는 사람은 위험합니다. 이런 반응은 '겸손함'과는 다릅니다.), 그리고 웃는 얼굴이 멋진 여자를 추천합니다. 외모가 예쁘든 아니든 그런 여자는 있거든요.

쉽게 말해 '상쾌한 호감형 여자'가 좋습니다.

42쪽의 유형 중 '유쾌한 단순남'의 여자 버전에 해당하는 사람은, 혹시 고백했다가 차이더라도 계속 마음에 품거나 멀리서 좋아할 만한 가치가 있다고 생각합니다. 물론, 그녀에게 집착하며 매달리라는 의미는 아닙니다.

다만, 저는 의외로 성가신 여성을 좋아합니다. (여기서 제 취향을 얘기해도 무슨 의미가 있는지는 모르겠습니다만.) 어떤 콤플렉스나 결점을 가지고 있었지만, 이를 스스로 인정하고 극복한(또는 극복하려고 하는) 여성과 대화하면 즐겁기 때문이죠.

자신의 결점과 격투하는 여성에게는 '동지애'가 느껴집니다. 솔직히 '그런 여성이 내가 끝내 극복하지 못한 결점을 이해해 주지 않을까?' 싶은 마음도 있지만, 그런 여성이라고 전부 관대하지는 않습니다. 자신이 콤플렉스를 갖고 있기 때문에 상대방에게 더욱 엄격하게 대하는 여자도 있지요. 그런 엄격한 여자를 사귀면 남자도 정신이 번쩍 듭니다.

섹스를 하려면

당신이 연애나 결혼에 골인하기 전에 먼저 '평범한 여자와 섹스를 하고 싶다!'라고 생각한다면, (당연한 말이지만) 섹스를 좋아하는 여자를 만나야 합니다. 그런데 그런 여자는 어디에 있을까요?

당신의 슈퍼 히어로 팀에 음담패설을 좋아하면서도 저질

스럽지 않은 남자, 에로틱하면서도 음흉하지 않은 남자를 추가해 두세요. 당신의 '에로틱한 면'을 숨김없이 드러내면 취향이 비슷한 여자를 만날 수 있습니다.

다만, 헛다리를 짚지 않으려면 '분위기'를 잘 파악해야 합니다. 당신의 욕구를 너무 몰아붙이지 말고, 신사적이면서 매너 있게 드러내야 하지요.

제 친구이자 만화 원작자인 다키타 간세이 씨의 말을 빌리면 "일반적으로 남성적 감성은 기호(사인)에 흥분하고, 여성적 감성은 신호(시그널)에 흥분한다."라고 합니다.

[기호]란 이를테면 '글래머', '윤기 나는 검은 생머리', '여고생', '짧은 교복 치마' 등입니다. 남성적 감성은 '생판 모르는 사람의 몸에도 흥분할 수 있는 성질'을 가리킵니다. 그 [기호의 주인]이 자신을 향해 있는지 아닌지는 크게 중요하지 않습니다.

반면에 [신호]는 '그 사람을 향해 보내는 기호'입니다. 저질스럽지만, 이해하기 쉬운 예를 하나 들자면, (저질스러운 행동은 경계하자는 주장과 모순되나, 여기서는 빠른 이해를 위해 예외로 두겠습니다.) 여성적인 감성은 '나와 상관없는 대상으로 인해 발기한 낯선 남자의 성기'를 봐도 흥분하지 않는 성질입니다. '나로 인해 발기한 성기', '[나]를 보고 흥분한 상대방'에게 흥분하는 것이죠. 더 구체적으로 말하자면, 나로 인해 발기했더라도 노출광의 성기를 보고는 흥분하지 않으며, 아는 남자라도 좋아하는 사람이 아니면 흥분하지 않습니다. 즉, 여성적 감성은 [호감을 느끼는 남자가 자신을 향해 보낸 신호]를 좋아하는 것이죠.

가령 가슴이 큰 여자와 친해졌다고 "전 가슴 큰 여자를 좋아합니다!"라든가, "가슴이 크시네요!"라는 말을 입에 담아서는 안 됩니다. 속마음을 '드러내는' 것이 아니라 '들이미는' 행동이니까요. '그런 바보 같은 짓을 누가 해?'라고 생각한 당신! 남자들끼리 술에 취해서 떠들다가 "난 가슴 큰 여자가 좋아!" 하고 큰 소리로 말한 적 없나요? 근처에서 여자들이 듣고 있는데도 말이죠. 진짜 에로틱한 신사는 그런 실수를 저지르지 않습니다.

평소에 신사적으로 행동하면서 '음담패설도 재치 있게 잘하는' 캐릭터를 준비한 후 여성들을 유심히 관찰합시다. 눈을 번뜩거리며 관찰하면 안 되지만, 민감한 안테나를 세워두면 '당신과 같은 판에서 놀아도 될까?'라고 생각하는 여성을 감지할 수 있습니다.

그리고 둘이 오붓하게 남았을 때 "당신은 가슴이 커서 좋아요."가 아니라, "당신 가슴을 만져 봐도 될까요."라고 속삭이세요.

자신이 [섹스를 좋아한다.]라고 인정하는 여성과의 섹스는 즐겁습니다. 음, 뭐라고 표현해야 할까요? 섹스하는 동안 '하나'가 되는 느낌이랄까요? 마치 상대방의 성감대를 찾아내는 탐색전 같아서 무척 즐겁습니다. 이런 관계를 '섹스를 좋아하는 사람들끼리의 행복한 만남'이라고 부르고 싶군요.

세상에는 섹스를 좋아하면서도 이를 자각하지 못하는 여성, 성격이 개방적인데도 섹스를 좋아하는 티를 내지 않는 여성이 많습니다. 진입 장벽이 높은 줄 알았는데 의외로 쉽게 허락해 주는 여성을 만나면 처음에는 '횡재했다!'라는 생각이 들지만, 머지않아 따분해집니다. 그런 여성은 섹스 도중 지나치게 '독선적'이거나, '무반응'인 경우가 많아 소통이 안 되는 느낌이 들거든요.

그런 여성들은 섹스를 좋아한다기보다 '섹스 중독'에 가깝습니다.

연인 관계가 아니라 단지 '즐기는 관계'일지라도 '[커뮤니케이션]이 안 되는 섹스는 에로틱하지 않다.'라는 것이 저의 지론입니다.

참고로 섹스 중독인 듯한 여성을 만나도 지적하거나 설교하지 마세요. 지나친 참견은 금물입니다.

마스터베이션하는 여자

저만의 편견일지도 모르지만, 마스터베이션을 하지 않는 여자와의 섹스는 재미없다고 생각합니다. 그런데 마스터베이션을 하면서 안 하는 척 시치미를 떼는 여자와의 섹스도 재미없기는 마찬가지입니다. 반대로, 물어보지도 않았는데 "난 클리토리스를 자극해야 흥분되는 타입이야." 하고 큰 소리로 열변하는 여자는, 재미없지는 않지만 거만하지요.

저는 "마스터베이션하세요?"라고 물었을 때, 조금 쑥스러워하면서도 "해요."라고 똑 부러지게 대답하는 여자가 좋습니다. (쓸데없이 제 취향을 얘기해서 죄송합니다.) 그런데 질문하는 사람의 말투가 끈적거려서 여자가 정색하며 대답을 피하는 경우도 있으니…… 아아, 음담패설의 세계란 참으로 어렵기만 합니다.

음담패설을 자유자재로 하고 싶어 하는 남자들이 많은데, 아름다운 여자와 음담패설을 우아하고 즐겁게 나누려면 일단 남자의 눈빛이 음흉해서는 안 됩니다. 그러면서도 '그녀의 마스터베이션 이야기'가 나오면 살짝 발기하고, 그 사실을 알아차린 그녀의 두 뺨이 빨갛게 물들면서 눈동자가 흔들리더니……. 이것이 제가 가장 좋아하는 판타지이자, 이상적이라고 생각하는 '유혹의 단계'입니다. 이런, 제 취향이 또 튀어나왔군요.

간혹 '여자가 마스터베이션을 하다니 경박해.', '여자가 그런 걸 할 줄은 꿈에도 몰랐어.', '웬만하면 안 했으면 좋겠다.'라고 생각하는 남자들이 있는데, 당신은 어떤가요?

저는 AV 감독이니, 촬영 전 여배우와 면접이나 미팅을 할 때 "혹시 마스터베이션하세요? 한다면 주로 어떤 생각을 하면서요?" 하고 묻습니다. 그 여배우의 '욕망의 형태'를, 조금 과장되게 말하자면 그녀의 [섹스라는 범주에서의 마음의 고향]을 파악하기 위해서지요. 이렇게 말하니 뭔가 있어 보이지만, 그냥 속이 시커먼 사람일 뿐입니다.

만약 당신이 '될 수 있으면 여자는 마스터베이션을 하지 않는 편이 좋다.'라고 생각한다면, 이는 '그녀가 자신의 성감대와 욕망을 남자와의 행위를 통해서만 파악할 수 있다.'

라는 의미가 됩니다.

또한, 당신이 '여자는 숫처녀여야 한다.'라고 생각한다면, '그녀의 성감대와 오르가슴을 당신 혼자서 개척해 나가야 한다.'라는 뜻입니다.

저는 그런 과정이 상당히 번거롭다고 생각합니다. 그런 번거로운 과정을 겪느니, 섹스를 하면서 '어떻게 마스터베이션을 했을 때 쾌감을 느끼는지', '어떤 체위를 좋아하는지' 묻는 편이 즐겁죠. 그녀의 대답을 참고로 쾌감을 끌어올릴 수도 있고요. 단, 너무 집요하게 캐묻거나, "전 남자 친구랑 어떻게 했어?" 하고 물으면 분위기가 깨집니다.

3
변태적 섹스에 관해

변태적 성향이 있다면?

조금 엉뚱한 질문을 던지겠습니다. 이 책을 읽어야 할 정도로 '연애와 섹스에서 충족감을 못 느낀' 당신이 차라리 특이한 취향을 가진 '변태'가 되지 않은 이유는 무엇인가요?

그런 생각은 해 본 적도 없나요?

아니면 흥미는 있지만, 그 생각은 '당신의 판타지 세계'에 봉인해 둔 채 현실 여성과 연애를 할 때는 꺼내지 않는 건가요? 만약 그렇다면, 그 이유는 평범한 여자들이 변태를 비호감이라고 생각해서인가요?

아니면 당신은 이미 유흥업소에서 변태 행위를 즐기고 있지만, '평범한 여자와의 평범한 연애'에 갈증을 느껴서 이 책을 읽고 있나요?

이 책에서 말하는 '비호감인지 아닌지', 즉 '상대방과 같은 판에 낄 수 있는지 아닌지'의 관점에서 보자면, 적어도 "저는 취향이 특이하지만, 당신에게 피해는 끼치지 않아요." 하고 솔직히 밝힐 수 있는 '비굴하지도 거만하지도 않은 변태'는 결코 비호감이 아닙니다.

'인기 있는 남자'와 '인기 없는 남자'가 있듯이, 그리고 '진정한 오타쿠'와 '비겁한 오타쿠'가 있듯이 '호감형 변태'와 '비호감 변태'가 있습니다.

스토커, 치한, 강간범 등 타인에게 피해를 주는 변태가 되어 버린 사람들이 불쾌한 이유는 단지 그들이 '변태'라서가 아니라 '상대방을 지배하고 싶은 욕구가 왜곡'되어 표출되기 때문입니다.

롤리타 콤플렉스(미성숙한 소녀에 대한 성적 집착)나 쇼타로 콤플렉스(미성숙한 소년에 대한 성적 집착)가 있는 사람, 상대방을 해쳐야만 만족하는 사람 역시 그 욕망의 대상과 같은 판에 들어갈 수 없습니다. 치한, 강간범과 마찬가지로 범죄자지요.

당신이 태생적으로 '범죄에 해당하는 변태적 행위를 해야만 흥분하는 사람'일지라도, 요즘에는 다행히 AV, 만화, 소설에서 허구로 창작된 '금지된 변태 행위'를 보며 대리만족할 수 있습니다.

이미지 클럽(특정 상황이나 역할을 설정하여 성적 서비스를 제공하는 유흥업소-옮긴이)에서는 실제 여성이 '현실 세계에서 실행하면 잡혀가는 욕망'의 상대역을 연기해 주기도 합니다.

지금까지 자신을 속이고, 자신의 욕망을 애써 모르는 척했던 변태들이 (적어도 섹스를 할 수 있는 곳에서는) 취향을 솔직히 표현할 수 있는 세상이 되었습니다. 게다가 연애나 섹스만 생각하면 왠지 슬퍼지고, 무언가 부족함을 느꼈던 사람들이 '차라리 내가 변태가 되면 편하게 살 수 있다.'라는 사실을 깨달으면서 변태 성향을 가진 사람의 수가 점차 늘어나고 있는지도 모릅니다.

자신이 무엇을 좋아하는지 정확히 알고 있다는 의미에서 오타쿠에게는 [마음의 고향]이 있다고 했지요. 이와 마찬가지로 '섹스에서만큼은 자신의 확고한 취향을 솔직히 표현할 수 있다.'라는 의미에서 변태들은 강점이 있습니다.

특이한 취향이 충족되어야만 흥분하는 사람이지만, 자신의 특이성을 받아 줄 상대, 즉 같은 판에서 놀아 줄 상대를 겸손하게 찾는 사람은 말 그대로 취향이 특이할 뿐, 타인을

쇼타로
콤플렉스*가
있는 남자들을
위한 잡지를
본 적이
있습니다.

이런 사진이 실려 있죠.

우리의 취향을 실행으로 옮기면 범죄입니다.
이 책을 보면서 인내합시다.
소중한 소년들을 보호합시다.

이렇게 독자에게 호소하는 문구가 있어서 감동했습니다.
암, 옳은 말이고말고요.

　　　무엇이든 지나치면 독이 됩니다.

* 소년에게 애정을 느끼는 경향, 또는 그런 사람.
취향이 한 번도 아니고 두 번이나 꼬여서 힘들 것 같네요……
참고로 '쇼타로'는 애니메이션 철인 28호에 나오는 반바지 차림의 소년 주인공
이름에서 유래했습니다. 아, 여자에게 인기를 얻고 싶어서 이 책을 읽는
여러분의 취향과는 가장 동떨어진, 아니, 관심 없는 얘기겠네요. 죄송합니다.

대할 때의 느낌이나 태도는 [보통 사람]과 전혀 다를 바가 없습니다.

　자신의 변태적 취향을 스스로 인정하고 [변태로서의 마음의 고향]을 얻는다면, '변태적 취향이 있는 좋은 여자'를 만날 수도 있으며, 같은 판에 들어가서 사랑에 빠질지도 모릅니다.

　그런데 일반적인 '취미'와 마찬가지로, 같은 성향의 변태나 궁합이 잘 맞는 변태라고 무조건 같은 판에 들어갈 수 있는 것은 아닙니다. 우선 [대화]부터 시작해야지요.

　아직 '같은 판에 들어오지도 않은 여자'를 너무 좋아한 나머지 무턱대고 [사랑]을 요구하는 짓이 변태 행위보다 훨씬 비호감입니다.

　요컨대 '변태'가 되고 나서도 헛된 환상을 품으면 안 됩니다. 언제나 겸손해야 합니다.

　'차라리 변태가 되면 지금보다는 낫겠지.'라는 단순한 생각으로 자신이 원하지도 않는 세계에 발을 담그면 손해입니다.

　'자신이 진짜 무엇을 하고 싶은지' 제대로 모르는 것만큼

안타까운 일은 없습니다.

'난 어쩌면 변태 행위가 가능할지도 몰라.'라는 생각이 들어도 '정말 그럴지' 곰곰이 생각해 보세요. 자신이 책임질 수 있는 범위 안에서 실제로 시도해 본 후, 자기 몸의 반응을 살피는 방법도 좋습니다.

'인기 없는 남자는 차라리 변태가 되면 여자를 만날 길이 열립니다!'라는 얘기가 아닙니다. 우선 깊이 고민하고 검증해 본 후 아니라는 느낌이 들면 곧바로 돌아옵시다.

당신이 변태적 성향을 가진 후 여자를 만났다면, 이는 '스스로 변태임을 인정하고 솔직히 드러낸 결과' 성격이 밝아지고 겸손해진 덕분입니다.

여기까지 읽고 '역시 난 그쪽과는 연이 없어.'라고 생각한 분들도 한번 진지하게 생각해 보세요.

훗날 현실의 여자에게 다가갈 자신감이 생긴 당신이 이상형에 딱 맞는, 외모도 아름답고 성격도 좋은 여자를 사랑하게 됐다고 가정합시다. 그리고 당신의 노력 끝에 두 사람은 교제하게 되었습니다. 그런데 얼마 후 그녀가 당신에게 "미안해. 나 사실 특이한 취향이 있어."라고 고백했습니다. 예를 들면, "관계할 때 날 좀 때려 줬으면 좋겠어."라고요.

전혀 말도 안 되는 얘기가 아닙니다.

이런 상황에서 당신은 어떻게 할 건가요?

그녀와 같은 판에 들어갈 수 있나요? 그 점만 빼면 당신에게 너무도 완벽한 여자입니다.

흠, 도저히 용납할 수 없나요?

그러자 이번에는 "그럼 당신을 때리게 해 줘."라고 한다면 어떻게 할 건가요? 한번 진지하게 생각해 봅시다.

4
당신 안의 여자

핑크 레인저를 의식하자

앞서 이야기한 '당신 안의 여러 캐릭터' 이야기로 돌아가 봅시다.

슈퍼 히어로 팀에는 핑크색 전투복을 입은 여자 레인저가 있습니다. 요즘 슈퍼 히어로 무리에는 다섯 명 중 두 명의 여전사가 있습니다. 뚱뚱한 남자 대신 보이시한 여자가 옐로 레인저를 맡는 경우가 많은데 이는 아주 멋진 '변화'라고 생각합니다.

이와 마찬가지로 당신의 내면에도 여자가 존재합니다.

당신에게 호모 기질이 있다는 말이 아닙니다. 오히려 당신이 '상남자'일수록 여성성이 뚜렷한 캐릭터가 잠재되어 있지요.

당신이 마스터베이션을 할 때 야한 동영상이나 잡지, 과거의 경험 등을 이용하지 않는다면 머릿속에 누가 등장하나요?

바로 그녀가 당신 안의 [여자]입니다. 좋아하는 여배우나, 사귀기 시작했지만 아직 관계를 맺지 않은 애인의 모습으로 등장하더라도, 당신은 실제로 그 여자와 섹스를 해 보지 않았기 때문에 마스터베이션을 하는 동안 머릿속 그녀가 보여 주는 여러 음란한 동작은 '당신이 머릿속에서 창작한 모습'입니다. 즉, 당신 안의 [여자] 캐릭터인 핑크 레인저가 그녀의 역할을 연기하고 있지요.

그리고 이 핑크 레인저가 당신의 히어로들을 배후에서 이끄는 실질적인 리더여야 합니다. 예를 들어, 좋아하는 여자를 공략하기 위해 '다음에는 누구를 내보낼까? 열혈남? 쿨가이?' 하며 선수를 출전시키는 일은 [여자 레인저]에게 맡겨야 합니다.

만약 당신이 어떤 여자를 좋아하게 됐다면, '그녀'와 '당신 안의 [여자]'는 분명히 닮은 부분이 있을 겁니다. 그 둘이 정확히 일치한다면 '이상적인 여자가 현실에 나타난 것'이죠.

상남자일수록 여성성이 뚜렷한 캐릭터가 잠재되어 있다는 말은, 요컨대 '당신이 강한 남자'일수록 당신 안에 [존재감이 강한 여자]가 떡하니 자리 잡고 있다는 뜻입니다.

그리고 남자는 [자기 안의 여자]와 닮은 여자에게 끌리기 마련입니다. 물론 여자의 마음속에도 [남자]가 있습니다.

당신이 좋아하는 여자를 공략하기 위해 히어로들을 내보내고 불러들이는 사령탑은 핑크 레인저가 맡아야 한다고 했습니다. 즉, 상대 여성이 지금 무슨 생각을 하고 있는지, 무엇을 느끼고 있는지는 내 안에 있는 [여자]가 살피고 판단해서 작전을 짜는 편이 좋습니다.

여자의 마음은 여자가 잘 알 뿐 아니라, 무엇보다 두 사람은 공통점이 많으니까요.

당신 안의 [그녀]의 성격을 이해하자

그렇다면 묻겠습니다. [당신 안의 여자]는 [좋은 여자]인가요?

'내가 좋아하는 여자와 [내 안의 여자]가 닮았다며? 그렇다면 [내 안의 여자]는 [좋은 여자]가 틀림없지.'라고 생각하나요?

물론, 일리 있는 말입니다. 그럼 질문을 바꿔 보겠습니다. 당신 안의 [여자]는 [성격이 좋은 여자]인가요?

당신이 여자들에게 호감을 얻는 [좋은 남자]인데, 당신 안의 [여자]가 그리 잘난 면도 없으면서 존재감만 강하다면, 모처럼 당신에게 다가온 여자들을 '이 여자는 이래서 안 돼. 저 여자는 저래서 안 돼.' 하며 걷어차도록 명령할지도 모릅니다. 취미로 하인의 목을 베는 여왕처럼 군림하는 것이죠.

한편, 매번 성격 나쁜 여자만 좋아하는 남자도 있습니다. 그런 남자가 힘들어하는 모습을 볼 때마다 '아아, 저 사람 성격은 좋은데 마음속에 눌러앉은 [비뚤어진 여자] 때문에 다른 히어로들과 [여전사]가 치고받고 있겠구나……'라는 상상을 합니다.

당신이 좋아하는 여자와 당신 안의 [여자]가 닮았더라도 꼭 사이가 좋으리란 법은 없습니다.

사람의 마음이란 신비하면서도 복잡해서, 당신이 아무리 그녀를 좋아해도 [당신 안의 여자]는 그녀를 미워할 수 있습니다.

심술궂은 여자, 어리석은 여자가 눌러앉아 있는 남자는 연애 문제로 마음고생이 끊이질 않습니다. 본인은 머리가 좋고 능력이 있어도 [마음속 여자]가 몹시 어리석은 남자도 아주 많답니다.

[그녀]와 어머니의 관계

당신 안의 [여자]는 당신과 함께 태어나고 자라면서, 당신 어머니(또는 당신을 키워 준 여성)의 영향을 가장 많이 받습니다.

일반적으로 [당신 안의 여자]와 [당신의 어머니]가 닮은 정도는 [당신]과 [당신의 아버지]가 닮은 정도와 비슷한데,

간혹 [당신 안의 여자]가 [당신의 어머니]를 쏙 빼닮은 남자는 '마마보이'라고 불립니다.

만약 당신이 좋아하는 여자와 사귀면서 무의식중에 계속 상처를 준다면 그 이면에는 [당신 안의 여자]의 근원이 된 어머니의 영향이 있을지도 모릅니다. 당신의 [마음속 여자]가 당신의 [마음속 남자], 즉 슈퍼 히어로 팀의 다른 전사들을 제대로 훈련하지 않아서 남자인 당신을 통해 [현실의 여자 친구]에게 상처를 입히는 것이죠.

그런데도 당신이 남자인 한, 여자 친구의 '마음을 이해할 열쇠'는 당신 안의 [여자]가 쥐고 있습니다.

상처를 입힐 가능성과 동시에 여자 친구와 '화해'할 가능성도 [당신 안의 여자]에게 달려 있지요.

연애를 할 때 '그녀와 [당신 안의 여자]', 둘의 관계만 문제 되는 것은 아닙니다. '당신과 [그녀 안의 남자]'가 어떤 관계인지도 중요합니다.

당신과 [그녀 안의 남자], 그녀와 [당신 안의 여자] 중 어느 한쪽이라도 맞지 않으면 연애는 성립하지 않습니다.

당신이 아무리 [내 안의 여자]와 그녀는 빼닮았다고 확신

해도 [그녀 안의 남자]와 당신이 상극이라면, 그녀의 마음에서는 아무런 반응도 일어나지 않습니다.

하지만, [그녀 안의 남자]는 그녀가 의식할 수 있는 존재가 아니므로 그녀에게 이상형을 물어보고 자신을 억지로 맞추려 해도 소용이 없습니다. 안타깝지만, 시간 낭비일 뿐이죠.

"남자는 여자를 사랑하는 것이 아니라 여자의 육체를 통해 [자기 안의 여자]를 사랑하는 것이다."라는 말도 있습니다. 여자에게 차여서 죽고 싶어질 때나, 너무 사랑한 나머지 스토커 행위를 하고 싶어질 때는 '저 사람은 내 안의 여자와 닮았을 뿐이야. 그런 사람을 위해 죽거나 잡혀가면 허무하잖아.'라고 생각하세요.

흔히 여심을 아는 남자가 여자의 사랑을 받는다고 합니다. 하지만, '여자는 A라는 상황에서 B처럼 생각하고 C처럼 행동한다.'라는 데이터를 수집하는 것은 별로 의미가 없습니다.

앞에서 여러 번 언급했지만, 현실의 여자는 한 사람 한 사람 다릅니다. 모든 여자를 일반화하지 말고, 자기 자신을 알기 위해 '내 안의 여자'와 가까워지세요. '내 안의 [여자]가 어떤 여자인지'를 이해합시다.

만약 [내 안의 여자]가 비호감이라면, 좋아하는 여성에게 마음을 제대로 전달하지 못하거나, 최악의 경우 본인이 생각해도 비호감인 여자에게 자꾸만 끌리는 등 여러 문제가 발생하므로 그녀의 성격을 고쳐야 합니다.

[당신 안의 여자]는 마음의 일부분이니 (당신 자신의 비호감을 고칠 수 있었던 것처럼) 그녀의 비호감도 당연히 고칠 수 있습니다.

그러면 그녀의 나쁜 성격을 어떻게 고쳐야 할까요?

현실에서 많은 사람과 부대끼고, 많은 [대화]를 나누면서 타인에게 되도록 친절하게 대하세요. 사람들과 서로 상처를 주고받는 일도 생기겠지만, 그것도 과정의 일부입니다.

[내 안의 여자]가 솔직해지면 현실에서 여자를 보는 기준이 달라집니다. 얼굴과 스타일이 아닌 다른 '장점'들이 보이기 시작하죠.

우리 주변에는 "상대방의 기분이 되어 보라."라고 말하는 사람이 많습니다. 물론 좋은 의도에서 하는 말이지만, 저는 그렇게 쉬운 문제가 아니라고 생각합니다.

당신이 현실에서 커뮤니케이션과 섹스와 연애를 하는 상대는 '타인'입니다. 말 그대로 당신과는 다른 사람이지요. 아무리 아끼고 사랑해도, 결혼해서 반세기를 함께 살아도,

한 길 사람의 속은 모르는 법입니다. 엄밀히 말해서 완전히 상대방의 기분이 되어 보기란 불가능하지요.

다만, "상대방의 입장이 되어 생각해 보라."라고 한다면 가능한 얘기입니다.

'그 사람의 속마음은 모르지만, 만약 내가 그 입장이라면 어떻게 느끼고, 생각하고, 행동할까?' 하고 생각해 볼 수는 있지요.

타인일 수밖에 없는 두 사람이 '가장 가까이 다가가는 방법'은 적어도 '서로 상대방의 입장이 되어 생각하는 것' 아닐까요?

그런데 [내 안의 여자]조차 잘 모른다면, 그야말로 '이성(異性)'인 상대방의 입장이 되어 생각하기란 너무 어렵지 않을까요?

그러므로 [내 안의 여자]가 어떤 사람인지를 잘 파악해 보세요.

만약 그녀가 '좋은 여자'라면(또는 '좋은 여자'가 되었다면) 당신의 마음속에서 그녀의 존재감을 키워 주세요.

이것이 바로 '여심을 아는 남자'가 되는 비결입니다. 좋아하는 여자가 생겼을 때, 순전히 '그녀의 입장'이 되어 생각할 수 있습니다. 그리고 그런 남자가 여자들의 마음을 얻겠지요.

예를 들어, 그녀가 처음 보는 옷을 입었거나 새로운 머리 스타일을 하고 나타났을 때 칭찬을 해 주세요. 블루 레인저가 자고 있으면 핑크 레인저가 걷어차서라도 칭찬하도록 시키세요.

다른 예를 들어 봅시다. 본격적인 연애나 육체적 관계가 시작된 후 그녀와 하룻밤을 같이 보내게 되었습니다. 그녀는 처음으로 당신 앞에서 화장을 지운 민낯을 드러내고, 보정용 속옷을 전부 벗었습니다. 그 모습을 본 [당신의 마음속 남자들]이 일제히 "으악!" 하고 소리를 질렀습니다. 사랑하는 마음과는 별개로 순간 "으악!" 하고 반응하는 동물이 남자입니다. 그런 상황에서 [당신 안의 여자]가 영향력을 과시하며 '당신들, 그런 얼굴 하는 거 아니야!' 하고 소리치면, 현실의 당신은 그녀 앞에서 표정 관리를 하게 됩니다. 그런 남자가 여자의 마음을 얻습니다.

마지막으로, 당신이 언젠가 [어느 정도 인기 있는 남자]가 되면 평소에 꼭 콘돔을 가지고 다니세요. 그리고 섹스할 기회가 생겼을 때 [서로 아이를 만들자고 합의한 상대]가 아닌 한 삽입할 때부터 무조건 콘돔을 끼워야 합니다.

　여자 친구가 요구하지 않더라도 반드시 끼우세요. 더욱 인기 있는 남자가 될 테니까요.

명심하라고.
단지 연애를 하기 위해
인기를 얻는 게 아니라는 것을.

· 5장 ·
인기를 얻고 난 후에 생각한 것

사실, 처음 원고를 쓰던 무렵에 저는 인기가 없었습니다. 원래부터 '내가 인기가 많으니 [잘하는 것]을 품앗이하자.'라는 생각으로 쓴 것이 아니라, '내가 인기가 없으니 인기 있는 남자가 되어 보자.'라는 생각으로 [해야 할 것]을 썼습니다. 집필하기 위해 오랜 시간 고민하고, 많은 분이 읽어 주신 다음에야 저 역시 이치를 터득할 수 있었습니다.

인기를 얻고 나자 (제가 생각하기에) 인생이 소위 잘나가게 됐지만, 얼마 후 [인기가 있는데도 마음은 괴로운] 아이러니한 상황에 부닥쳤습니다.

인기가 너무 많아져서 곤란했다는 말이 아닙니다. 그런 경지에 이르지는 못했으니까요.

그런데 나중에 알고 보니 저만 그랬던 게 아니었습니다. 출판사 편집자 M 씨도 오래전에 이 책을 읽고 내용을 완전히 이해한 다음부터 인기가 생기더니 나중에는 저처럼 괴로워졌다더군요. 저조차도 상당히 무서운 책을 쓰고 말았다는 생각이 들었습니다.

'인기가 있다.'라는 말은 바꿔 말해 타인의 [마음에 뚫린 구멍]을 자극할 수 있는 사람이 된다는 뜻입니다. 여자가 생각하는 인기 있는 남자란 '나의 공허한 마음을 메워 줄 것 같은 사람, 사귀면 내가 완벽해질 수 있을 것 같은 사람'이라고 합니다.

  이 책의 [전반부 정리]에서도 밝혔지만, 제가 인기 있는 남자가 되고 싶었던 이유(제 마음에 뚫린 구멍)이자 동기는 '내가 비호감이 아니라고 누군가에게 보장받고 싶었기 때문'입니다. 참고로 제가 생각하는 '이상적인 인기'란, '다수의 여성이 저를 좋아하고, 그 여성들 전부와 섹스를 즐길 수 있으며, 게다가 그 여성들끼리 친하게 지내는 상태'입니다.

  그런데 인기를 얻고 난 후 제 마음속 구멍이 메워졌느냐 하면, 결과는 예상 밖이었습니다. 책을 쓰고 나서 인기 있는 사람이 된 제게는, 즉 더 이상 단순남이 아니었던 제게는 '상대방의 상처와 괴로움'이 눈에 들어왔기 때문이죠. 그런데도 눈을 감고 거짓된 자기 긍정을 하며 얼핏 잘나가는 듯한 인생을 즐겼으나, 주변에서 본 제 모습은 비호감 그 자체였습니다. 인기가 있는데도 불구하고요. 그리고 어느새 제게는 [가해자 의식]이 싹트기 시작했습니다.

  그래서 여성들을 위해 두 번째 책 《왜 당신은 사랑해 주지 않는 사람을 좋아하는지》를 썼습니다. 이 책을 읽은 여러 여성이 "따뜻한 책이네요."라는 소감을 전해 주었는데, 작가 나카무라 우사기 씨에게는 "이 책에는 니무라 씨가 전혀 들어 있지 않군요."라는 지적을 받았습니다. 그런 의미에서 보면 확실히 비겁한 책이었습니다.

고로, 그 책에서 밝히지 않은 생각을 작정하고 여기에 적고자 합니다.

인기 있는 남자를 사랑하는 여자들은 가끔 (남자가 볼 때) '머리가 좀 이상한 거 아니야?' 싶은 말과 행동을 합니다. 그 말과 행동은 여자에 따라 다르게 나타나지만, 본질적으로는 공통됩니다. 요컨대 "날 안아 줘. 지배해 줘. 그러는 동시에 자유롭게 해 줘. 네 멋대로 조종하지 마."라는 것이죠.

참 어렵습니다. 아니, 모순되죠. 저로서는 "대체 무슨 말을 하고 싶은 건데?"라고 묻고 싶어집니다. 여자들은 '모순되지 않아!'라고 생각하겠지만요.

표현을 순화하자면, 여자들은 "날 사랑해 줘. 하지만 당신이 사랑해 주는 방식은 내가 원하는 방식이 아니야."라고 말하는 것입니다.

하지만, 【여자에게 인기와 사랑을 얻은 우리 남자들】도 "넌 날 사랑하니까 내 거야. 하지만, 동시에 난 널 방임할 거야." 하고 말합니다. 역시 모순되기는 마찬가지입니다. 바꿔 말하면, "난 널 사랑하지만, 네가 사랑받고 싶은 방식으로는 하지 않을 거야." 하고 '밀당'을 하듯 선언하는 것이죠. 왜 그런 '더블바인드(double bind. 이중구속. 서로 모순되는 메시지를 던져 아무런 행동도 못 하게 하는 의사소통 방법-옮긴이)'를 쓰는 걸까요?

동시에 여러 여자를 만나는 바람둥이라면 그 말 뒤에 "싫으면 말든가."가 붙겠지만, 일대일 연애의 경우(겉보기에 [성실한] 연애의 경우) "널 사랑하고 있잖아. 뭐가 불만인데.", "나도 일 때문에 피곤해……."란 말이 붙습니다. 어느 쪽이든 남자가 여자를 지배하려고 하는 한(여자도 지배받으려고 하는 한) 반드시 남자는 더블바인드를 쓰게 됩니다.

그리고 이상하게도 "남자가 여사를 지배하다니 용서 못 해." 하고 화내는 여자도 [피해자 의식]이 있으면 똑같은 더블바인드 수법에 걸립니다.

왠지 남자는 '사랑하는 방식'이 서툴고, 여자는 '사랑받는 방식'이 서툴다는 생각이 들지 않나요?

서툰 사람에게 "잘 좀 해 봐!"라고 말해 봐야 입만 아픕니다. 여자와 남자 모두 혼란에 빠져 있기 때문이죠. 양쪽 다 자신이 [무슨 행동]을 하고 있는지, 원래 [무슨 행동을 하고 싶었는지] 잊어버린 상태입니다.

'도대체 난 왜 인기를 얻고 싶어 했던 걸까?'

제가 생각하던 [이상적인 인기]의 실체에 다가갈수록, 즉 [사랑받는 방식]을 알면 알수록 점점 [사랑하는 방식]을 잊어버리게 됐습니다.

……이렇게 생각의 쳇바퀴에 빠져 있던, '생각은 할 줄 알지만, 어두운 사람'이었던 저는 최근에서야 한 가지 진리를 깨달았습니다.

바로, '인기를 얻고 싶다(비호감이 아니라고 보장받고 싶다).'라는 것은 '연애하는 남자가 되고 싶다.'가 아니라 '사랑받는 남자가 되고 싶다.'라는 사실을요.

남자들의 세계에서 '인기 있는 남자', '예쁜 여자를 마음껏 사귈 수 있는 남자'가 되고 싶어 하는 사람은 [향상심]이 있다고 간주됩니다.

반면, '난 사랑받고 싶어.'라고 스스로 인정하는 사람은 왠지 부끄럽게 여겨집니다.

그러다 보니 남자는 무의식중에 '인기를 얻고 싶다.'라는 마음을 '연애의 대상이 되고 싶다.'라는 욕구로 치환해 버립니다.

그런데 만약 【사랑받고 싶다.】라는 것이 '나를 인정해 달라.'라는 욕구라면 어떨까요? 《왜 당신은 사랑해 주지 않는 사람을 좋아하는지》에서 이렇게 정의한 바 있습니다. 참고로 【연애 감정】은 '상대방을 갈구하는 마음, 자신이 소유하고 싶어 하는 마음'으로 정의했습니다.

결국, 【인기를 얻고 싶다.】라는 것은 '비호감이 아니라고 보장받고 싶다.'라는 것이므로, 【인기를 얻고 싶은 사람】은 사랑을 받기만 한다면 굳이 연애를 하면서 상대방을 지배할 필요는 없지 않을까요?

인기를 얻은 사람이건 인기를 얻고 싶은 사람이건 '나는 사랑받고 싶다.'라는 욕구를 인정하면 되지 않을까요?

'사랑받고 싶음을 스스로 인정하는 것'이 여자에게 "날 사랑해 줘! 사랑해 줘!" 하고 매달리며 어리광을 부리는 행동이라고 오해해선 안 됩니다. 이렇게 유치한 행동과는 엄연히 다릅니다.

'상대방의 사랑'과 '호의'를 이용해 이기적으로 구는 사람도 있는데, 이는 '사랑받는 것'이 아니라 교활한 수법으로 '지배하는 것'이나 다름없습니다. 당신을 좋아하는 여자의 마음을 담보로 '오만하고 이기적으로 행동하면서' 사랑받으려고 하면, 그때 여자의 마음속에서는 거짓된 자기 긍정이 아닌 [거짓된 모성]이 발동합니다. 왜냐하면, 그녀의 [여성성]은 상처받은 상태니까요.

여자에게 사랑과 인정을 받고 싶다고요?
그렇다면 오만함을 버리고 있는 그대로의 솔직한 모습을 보여 주는 수밖에 없습니다. '난 오만하지 않으니까 괜찮아.', '난 여자 편이야.' 하고 겉으로만 다정한 척하며 여자를 얕보는 행동도 그만두세요.

사실 제3장에 추가한 내용은 아주 최근에(정말로 3주 전에!) 말 그대로 '어느 동호회(저를 게스트로 초대해 준 독서회)'에서 목격한 광경을 토대로 썼습니다.
불과 한 달 전까지 저는 [자신의 변화를 두려워하지 않는 것]이 '인기나 연애와 어떤 관련이 있는지' 알지 못했습니다.
책으로 쓴 지금은 '머리'로 이해한 상태지요.
앞에서 말했던 [인기 있는 남자가 '난 널 사랑하지만, 네가 사랑받고 싶은 방식으로는 하지 않을 거야.' 하고 더블바인드를 쓰는 것]은 [나는 변할 생각이 없다.]라고 선언하는 셈이나 다름없습니다. 그러면 상대방보다 자신이 더욱더 괴로워지죠.
솔직히 말해서 저도 머리로는 이해했지만, 실천할 수 있을지는 두고 봐야 할 듯합니다. 앞으로 또 5, 6년 걸릴지도 모릅니다.

흔히 "사랑받고 싶으면 내가 먼저 사랑하는 수밖에 없다."라고 말합니다. 물론 맞는 말입니다. 그리고 이 역시 무슨 의미인지 머리로는 이해합니다. 하지만 자의식이 강한 비호감 남성들은 '사랑하는' 데 서투릅니다. 제가 좋아하는 [성가신 여성들]이 '사랑받는' 데 서툰 것처럼요.

그런데 한편으로는 이런 생각도 듭니다. 우리처럼 [인기를 얻고 싶은 남자들], 인생의 모든 것은 인기를 얻기 위해서라고 생각하는 남자들은 그만큼 '사랑받고 싶은 욕구'가 강한 셈이니 '우리야말로 진짜 [사랑]을 할 수 있지 않을까?'라고요.

우리가 '진심으로 바라는 것', '간절히 손에 넣고 싶어 하는 것'은, 곧 '그 사람이 타인에게 베풀 능력이 있는 것'이라 할 수 있습니다.

예를 들어 설명해 보죠.

세상에 부자가 되고 싶어 하는 사람은 많지만, 이를 [진심으로, 누구보다 진지하게] 원하는 사람은 푼돈을 조금씩 저축하는 사람이 아니라, 언젠가 큰 부자가 되어 '기부'나 '고용 창출' 등의 방법으로 세상에 부(富)를 환원할 수 있는 사람입니다. 그런 사람이 진짜 부자라고 할 수 있죠.

또 다른 예를 들자면, 저는 야한 영화를 너무 좋아해서 가능하다면 평생 야한 영화만 보면서 살고 싶노라고 진심으로 생각했습니다. 그러다 보니 [야한 영화를 다른 사람에게 보여 주는 AV 감독]을 업으로 삼게 됐고요.

마지막으로, 인기를 간절히 얻고 싶어 하는 [당신]은 한편으론 누군가를 (하다못해 아이돌이나 애니메이션 등장인물이라도) 좋아하고 있겠지요. 그 인물은 당신에게 인기가 있습니다. 즉, 늘 인기에 목말라 하는 당신은 '타인을 사랑하고 타인을 인기 있는 사람으로 만들 능력이 있다.'라고 할 수 있습니다.

어떤가요? 제법 설득력 있게 들리지 않나요?

다시 한번 강조하자면 '인기를 얻고 싶다.'란 '연애하는 남자가 되고 싶다.'가 아닌 '사랑받는 남자가 되고 싶다.'라는 진리를 깨달은 사람은 '타인을 진정으로 사랑할 수 있는 능력'이 있습니다.

그리고 이를 받아들이고 '사랑을 함으로써 자신의 변화를 두려워하지 않게 되는 것'이 바로 '어른'으로 발돋움하는 과정 아닐까요?

어린아이는 변화의 가능성이 크고, 어른이 될수록 경직된다고 생각하기 쉬우나 결코 그렇지 않습니다. 언제까지나 어린아이로만 있으면 자신을 방어하려는 경향이 강해져 고집이 세집니다.

무릇 어른이란 '그렇게 긴 시간이 남아 있지 않으니 최대한 타인을 행복하게 하자.'라고 생각하는 사람입니다.

지금까지 살펴본 '인기를 얻기 위한 방법' 중 마지막으로 소개한 '어른으로 발돋움하기'가 인기를 얻는 데 가장 효과적입니다. 자신도 상대방도 상처받지 않고요.

그리고 새삼스럽지만, '내가 먼저 사랑하기'도 좋은 방법입니다. 한번 인기가 생겼다고 우쭐하지 말고, 먼저 사랑을 주면서 [사랑을 하는 사람은 상대방을 지배할 수 없다.]라는 깨달음을 얻읍시다. 이야말로 '여자에게 사랑받고, 여자에게 상처 주고, 그로 인해 자신까지 상처 입은 남자'에게 필요한 처방입니다.

정말 효과가 있는지 증명하기 위해서라도 부디 이 책을 읽고 인기 있는 남자가 되어 주세요. 인기가 없는 채로 사랑을 했다가 자의식이 병들어 거만해지는 남자가 많습니다. 그건 너무 안타깝지 않은가요?

상대방과 같은 판에 들어갔다면 사랑받으려만 하지 말고 당신이 먼저 사랑해 보세요. 가능하면 비호감이 아닌 여자를 사랑하세요. 단, 결혼 사기는 조심합시다.

사랑이란 감정이 생기면 상대방에게 발산할 수밖에 없습니다.

그러므로 사랑을 하면 상대방이 아무리 좋은 사람이더라도 당신은 한 번쯤 무너지는 경험을 하게 됩니다. 당신이 [남자의 욕구]라고 생각하던 것이 알고 보니 '사회나 부모에 의해 만들어진 감정'임을 깨달을지도 모릅니다. 하지만, 이 상황을 두려워하기보다는 즐거워해야 합니다. 안전권이라고 생각된 시점에 본인과 상대방이 상처받는 일이 훨씬 두렵지요. 무너지는 것은 [당신의 마음의 고향]이 아니라, [당신의 거짓된 자기 긍정]이니까요.

무릇 어른이란,
'그렇게 긴 시간이 남아 있지 않으니
최대한 타인을 행복하게 하자.'라고
생각하는 사람입니다.
　　　　　by 니무라 히토시

이 문장 멋있네.
15년 전이라면
이해를
못 했겠지만,
지금은
저절로 고개가
끄덕여진다.

| 해설 |

　'나이 든 페미니스트 아줌마가 이 책의 해설을 쓰다니 말도 안 돼. 여자한테 인기 얻고 싶댔지, 누가 이런 아줌마 얘기를 듣고 싶댔나?'
　네, 의아한 생각이 들 만도 합니다. 저와 이 책의 인연은 우연히 시작됐습니다.

*

　제 연구실에는 다양한 학생들이 드나듭니다. 타 학과, 타 대학 학생도 스스럼없이 찾아옵니다. 저와 이해관계가 얽혀 있지 않으니 스스럼없는 게 당연하겠지요. 어쨌든 그런 학생 중 인류학을 전공하는 한 남학생이 제 연구실에 불쑥 들어오더니 "이거 재밌어요." 하고 두고 간 물건이 바로 이 책입니다.

그 인류학도는 요즘 젊은이답지 않게 '진국'이라, 그 친구와 《모든 것은 인기를 얻기 위해(본서의 원제목)》라는 제목을 나란히 놓고 보니, '아, 이 녀석도 성욕 때문에 괴로워하고 있구나. 그리고 그 마음을 남에게 들키고 싶어 하진 않는구나.'라는 생각이 들더군요. 사실 다른 사람이 추천해 준 책을 읽는 이유는 그 책의 알맹이가 남에게 추천할 만한 가치가 있는지 궁금해서라기보다 그 책을 추천한 사람이 어떤 녀석인지 이해하기 위해서입니다. 어차피 만인을 위한 '양서'는 존재하지 않으니까요. 앞에서 말한 내용과 모순되는 부분이 있지만요. 사람에 따라서는《성경》조차 한낱 망상가의 설교로 들릴 수도 있습니다.

여하튼 아주 가벼운 마음으로 책장을 넘겼는데 이게 웬걸, 기대 이상으로 재밌어서 순식간에 끝까지 읽어 버렸습니다. 제게는 어쩌다 한 번 있을까 말까 한 일입니다. 저는 직업 특성상 이 책 저 책 골라다가 맛만 보는 습관이 생긴 탓에, 겉표지부터 뒤표지까지 섭렵하는 완독의 쾌락을 상실해 버린 가여운 책의 창부(娼婦)이기 때문이죠.

그 뒤로 "그거 알아? 니무라 히토시의《모든 것은 인기를 얻기 위해)라는 책 말이야. 엄청 재밌어." 하고 소문을 내고 돌아다닌다는 말이 편집자의 귀까지 들어간 모양입니다.

*

이 책은 불행한 운명을 안고 태어났습니다. '인기 노하우 책'의 범주에 있는 한, 독자와 마찰을 일으킵니다. 이 책을 읽어도 인기를 얻을 수 없으니까요. 시작부터 "이 책을 읽는 당신, 그래서 인기가 없는 겁니다."라고 잔혹하게 선고하지요. 예를 들면 저자와 여성들의 이런 대화가 소개됩니다.

`니무라` 인기 없는 남자가 이런 책을 쓰게 됐습니다. 그런데 우리 같은 남자가 인기를 얻으려면 대체 어떻게 해야 할까요?
`여성` 첫 번째로, 연애의 기술을 짚어 주는 책 종류는 읽지 말 것. 읽는 순간 그 사람은 끝이죠. 아니, 서점의 그런 책 코너에서 어슬렁대야겠다는 발상부터가 이미 최악이에요. ……책 내용이 안 좋다는 말이 아니에요. 그런 책만 열심히 읽으면 어떻게든 될 거라고 생각하는 정신 자체가 여자들한테 인기를 못 얻는 결정적인 이유라고요. *(29, 30쪽 요약)*

이 부분을 읽자마자 '인기를 얻고 싶다.'라는 동기로 접근했던 독자들은 책을 도로 내려놓겠지요. "이 책에서 얻을 수 있는 것은 인기 있는 남자가 되기 위한 비결이 아닙니다! 인기와는 무관하게 성실한 인생을 살게 하는 메시지입니다!" ······라고 하면 역시 책을 거들떠보지도 않겠지요. 이 책을 대체 서점의 어느 코너에 비치해야 할까요? 섹스 매뉴얼? 자기계발? 인생론? 오타쿠 책? 아예 철학서 쪽으로 갈까요?

이 책이 정말 필요한 독자에게 전해지려면 어떻게 해야 할까, 담당 편집자는 어떤 장르로 분류해야 할지 고민하느라 상당히 골머리를 앓았을 겁니다.

*

이 책의 키워드는 '비호감'입니다. 이처럼 정곡을 찌르는 훌륭한 표현이 또 있을까요?

"당신은 왜 인기가 없을까요? 그건 당신이 비호감이기 때문입니다."

특히 섹스에 관해 말할 때 이 표현은 더욱 진가를 발휘합니다. 왜냐하면, 섹스는 '호감'을 느끼는 상대와 나누는 유쾌한 행위니까요.

"호감을 느끼는 상대와 나누는 유쾌한 행위를 비호감인 상대와 하지 마라."

자기 몸을 아끼지 않는 여성에게 제가 가장 들려주고 싶은 말입니다.

'호감'인 사람과의 섹스, '비호감'인 사람과의 섹스를 모두 경험해 보면 '차이'를 알게 됩니다. 미식가가 되려면 우선 대식가여야 한다는 것과 같은 이치죠. 그러면 '비호감'인 사람과의 섹스는 시간과 에너지와 체력 낭비라는 사실을 깨닫게 됩니다. 물론 형편없는 섹스를 할 만큼 체력이 남아돈다면 말릴 수는 없지만요…….

이 책의 저자는 '비호감' 남성을 몇 가지 유형으로 분류합니다. 이 중에서 비호감이 아닌 유형은 '유쾌한 단순남'과 '생각도 제대로 하고, 소심하지도 않은 사람' 두 가지뿐입니다. 여기서 우리가 알 수 있는 사실은 외모나 겉으로 보이는 지표만으로는 '비호감' 여부를 판단할 수 없다는 점입니다. 학력, 직업, 수입으로도 판단할 수 없고, 소유한 차나 패션으로도 구별하기 어렵습니다. 그 말인즉, 호감이란 것은 노력으로 손에 넣을 수 없다는 뜻이기도 합니다.

여기서 소개하는 '비호감' 리스트 중 '착각하는 단순남', '단순하면서 소심한 사람', '생각이 너무 많은 소심남'의 대다수는

'나는 남자다.'라는 '자의식 병'에 기인합니다. 그러니 단순남을 고칠 약이 있을 턱이 없지요. 고치려면 다시 태어나는 수밖에요. 이걸로 이 책은 끝입니다.

예를 들어, 스토커는 '착각하는 단순남'입니다. 성희롱하는 아저씨도 단지 대범함을 무기로 삼은 '착각하는 단순남'이죠. 가정 폭력의 가해자도 마찬가지입니다. 저자는 '단순하면서 소심한 사람'을 '어두운 사람'이라고 표현했는데, 이런 사람들은 단지 '비호감'일 뿐 타인에게 큰 피해를 주지 않으니 어떻게 살든 상관할 바 아니지만, 이 세상에는 '착각하는 단순남'에 속하는, 대범하고 꼬장꼬장한 족속이 너무 많아 여자들은 불편하기 짝이 없습니다. 그래도 이런 부류는 그나마 양반이지요.

여기까지 읽고도 '나랑 맞는 얘기가 하나도 없군.' 하고 생각하는 당신. 저자는 그런 '당신'에게 '제일 소심하고, 제일 단순한, 단순남의 극치'라고 못을 박습니다. 당신이 인기가 없는 이유야말로 '비호감'이기 때문이며 그걸 깨닫지 못하는 사람은 당신뿐이라고요.

그런 '당신'이 지키고 있는 것은 '자존심'입니다. 그렇습니다. 남자의 '자의식 병'이란 바로 이 자존심을 가리킵니다. 다른 말로 남자의 '체면'이라고도 하지요.

여자가 살아남기 위해 발휘하는 온갖 애교는 모두 '남자의 자존심 사수'와 관련이 있습니다. 앞에서는 연약하고 사랑스럽게 눈웃음치고, 뒤에서는 "아흠." 하고 하품을 억누르면서 말이죠. 지갑과 낯짝이 두꺼운 남자에게 돈과 힘을 쓰게 하려면 상대방이 다소 비호감이더라도 참아야 하니까요.

*

저자는 당신에게 묻습니다. 인기를 얻고 싶다는 것이 무슨 의미인지를요.
"도대체 당신은 왜 인기를 얻고 싶나요?"
"당신은 어떤 형태의 인기를 얻고 싶나요?"
건성으로 넘기지 말고 곰곰이 생각해 보세요.
돈, 지위, 학력, 자동차, 외모 등으로 '여자의 환심을 사는 것'은 '진짜 인기'라고 생각하지 않는다면, 그리고 이러한 배경과 요건을 자신이 갖추지 못했노라고 느낀다면, 결국 '진정한 인기'란 자신이 '비호감이 아니라는 사실'을 타인에게 보장받는 것이라고 저자는 말합니다. 아래에 인용하지요.

우리가 여자들에게 인기를 얻고 싶어 하는 이유는 단순히 성욕 때문만은 아니라고 생각합니다.

> 인간은 분명 타인으로부터 "당신은 비호감이 아니에요."라는 보장을 받고 싶어 하는 욕구가 있습니다. *(108쪽)*

흠, 인생의 심오한 의미를 이렇게 쉽게 표현하다니, 이 작가 대체 정체가 뭔가요?

누군가에게 사귀어 달라고, 동침해 달라고 요구함으로써 자신이 비호감이 아니라는 사실을 확인하는 것이죠.

> 속세의 의리가 얽혀 있지 않은 잘 모르는 여자가 하룻밤을 함께해 준다는 것은 당신이 비호감이 아니라는 증거입니다. *(108쪽)*

그렇고말고요. 섹스는 많은 위험 부담과 스트레스를 동반하는 행위니까요. 비호감인 상대와 뒹굴고 있을 이유는 없지요. 게다가 '속세의 의리가 얽혀 있는 상대'에게 강압적으로 요구한 섹스가 무슨 재미가 있을까요? 싫다고 말 못 하는 상대에게 강요하는 처사가 바로 성폭력입니다. 전형적으로 인기 없는 남자가 하는 짓이죠.

더구나 '현실의 여자'는 한 사람 한 사람 다릅니다. 어떤 대상에 호감을 느끼는지, 어떤 대상을 비호감으로 느끼는지는 사람마다 다를 수밖에 없습니다. 저자는 '자신의 결점과 격투하는 여자'에게 '동지애'가 느껴져서 좋다고 했습니다. 이는 자신의 결점과 격투해 온 자만이 할 수 있는 매우 함축적인 표현입니다. 마치 삭힌 홍어를 즐길 줄 아는 원숙미가 느껴진다고나 할까요? 씁쓸하고 냄새나는 음식도 그 나름의 맛이 있다는 뜻입니다. 과연 산전수전 다 겪어 본 저자의 노련함이 드러나는 순간입니다.

*

이 책에는 인생의 깊은 의미가 함축된 대사가 많은데, 그중에서도 가장 명대사를 꼽자면 바로 이 문장입니다.

'당신의 공간'이란 (중략) '당신이 혼자 있어도 외롭지 않은 장소'입니다. *(100쪽)*

저자는 "당신은 스스로 선택한 나만의 공간이 있나요?" 하고 물은 다음 이렇게 덧붙였습니다.
아아, 저는 이 단순 명쾌한 말에 매료되었습니다.
위의 한 문장을 읽기 위해서라도 이 책을 선택한 보람이 있다고 생각합니다.

인기가 있든 없든 당신은 살아갈 수 있습니다. 왜냐하면, 호감형 남자인지 아닌지를 결정하는 사람은 당신 자신이니까요. 이처럼 희망적인 메시지가 또 있을까요?

인기가 있든 없든, 섹스를 하든 못 하든 상관없습니다. 본인이 즐겁다면 마스터베이션도 좋습니다. 타인과 하고 싶으면 그 상대에게 비호감이 아닌 남자가 됩시다. 그러려면 상대방의 입장이 되어 생각해야겠지요. 최소한 '원치 않은 임신'이라는 폭력만큼은 저지르지 맙시다. 그러니 콘돔은 꼭 가지고 다녀야겠지요.

소문을 듣자 하니 니무라 감독과 함께 일한 AV 여배우들은 꼭 다음 일도 같이하고 싶어 한다는군요. 암, 그럴 만도 합니다. 저도 조금만 어렸다면……, 하고 발칙한 상상을 해 봅니다.

저 같은 여자가 '모든 남자의 필독서'라고 추천하면, 이 책 도리어 안 팔릴까요?

우에노 지즈코

우에노 지즈코
사회학자, 도쿄대 명예교수, NPO 법인 WAN(Women's Action Network) 이사장.
《여자들의 사상》, 《여성 혐오를 혐오한다》, 《비혼입니다만, 그게 어쨌다구요?!》 등을 저술했다.

| 그 옛날 에필로그 |

"인생의 모든 것은 인기를 얻기 위해!"

시나리오 라이터이자 극작가인 가도 하지메 씨가 술을 마시다가 별안간 이렇게 외쳤습니다. 그 말에 감탄하고 동감했기에 이 책의 제목으로 차용했습니다.

생각해 보면 그렇습니다. 아침에 일어나서 눈곱이 낀 얼굴로 밖에 나가면 여자들이 좋아하지 않으니 마지못해 세수를 합니다. 양치를 할 때는 "치아가 매끈매끈, 반짝반짝 새하얘져요."라고 선전하는 치약을 씁니다. 싸구려 치약보다는 비싸지만, 꽤 비싸지만, 그 정도의 비용을 투자해서 인기를 얻을 수만 있다면 대수롭지 않은 정도의 가격이죠. 우리가 밥을 먹는 이유도 인기를 얻기 위해서입니다. 배가 고프면 여자를 유혹할 기운도 없거니와 배가 고프면 일을 할 수도 없습니다. 일을 못 하면 돈을 못 벌어 여자들이 좋아하지 않으니 어쩔 수 없이 밥을 먹습니다. 밥을 먹긴 먹되 살이 찌면 여자들이 싫어하기 때문에 너무 많이 먹지 않도록 신경을 써야 합니다. 아무래도 건강해 보이는 남자가 인기가 있으니까요. 영양도 신경 쓰고, 팔 굽혀 펴기 같은 운동도 합니다. 그런데 의외로 가녀린 남자를 좋아하는 여자도 많은가 봅니다. 옷을 입는 이유도 비슷합니다. 겨울에는 추위로부터 몸을 보호하기 위한 이유도 있지만, 굳이 색을 맞춰 가며 옷을 고르고, 무더운 여름에도 옷을 걸치는 이유는 역시 인기를 얻고 싶어서입니다. 조금이라도 인기를 얻고 싶으니까요.

만약, "난 인기 따위 필요 없어." 하고 당당히 말할 수 있다면 인간의 일상 행위 중 약 70%는 생략해도 살아가는 데 아무 지장이 없지 않을까요?

인기를 얻기 위해 노력하는 일체의 행위를 다 같이 그만두면 어떻게 될까요? 아니면 1년에 한 번쯤 안식일을 도입하는 건 어떨까요? 그날 하루는 '인기를 얻으려고 하는 행동'을 법으로 엄격히 금지하는 것이죠. 인기를 얻으려고 꼼수를 부렸다가는 징역형. 악질범은 사형……. 과연 어떤 하루가 펼쳐질까요?

그런데 대체 인기 있는 남자란 어떤 사람일까요?

주변에 '나보다 인기 있는 남자'는 얼마든지 있습니다. 하지만, 그런 남자들이 '나 지금 진짜 인기 많아.'라고 인식하고 있을까요? 자신의 인기를 그냥 '일반적인' 수준이라고 생각하진 않을까요? 만약 그보다 욕심이 난다면, 우리처럼 '더 인기가 있었으면 좋겠어.' 하고 바라겠지요. 그렇게 노력해서 인기를 얻은 남자들은 늘 '더 많은 인기'를 얻고 싶어 하므로, 제아무리 인기가 많아도 '아, 이제 그만…….' 하며 넌더리를 치지는 않으리라 생각합니다. 그렇다면 이 세상에 '흠, 난 이제 충분해.'라고 생각하는 남자가 얼마나 될까요? 이를테면 남성 접대부나, 여자가 많은 직장의 간부처럼 '인기가 많으면 업무상 어떤 이익이 있는 남자, 뭔가 다른 목적으로 인기를 얻고 싶어 하는 남자'거나, 아니면 '어지간히 성욕이 없는 남자'겠지요. 하지만, 그런 사람들이 절대 부럽지는 않습니다.

여자를 만날 때 자신의 마음속에 잠재된 여러 캐릭터, 그중에서도 여자 캐릭터를 의식하자는 주장은 츠츠이 야스타카 씨의 단편 소설 《고장 난 버스의 돌격(欠陥バスの突擊)》에서 착안했음을 말씀드립니다.

가도 하지메 씨, 아오키 미쓰에 씨, 제게 집필을 권유하고 편집자를 소개해 주신 소설가 마키 히데히코 씨, 번번이 마감 날짜를 어겼는데도 아무 말 하지 않고 내용에 대해서도 아무 말 없이 지켜봐 주신 와타베 씨 감사합니다. 저와 인연이 얽혀 불쾌함을 느끼셨던 여성분들께는 이 자리를 빌려 사과와 감사의 말씀을 전합니다. 제가 이 책에서 거만하게 설교했던 내용은 모두 저 자신에게 내리는 훈계이자 경계이며, 그런 내용을 출판하는 낯 두꺼움 또한 비호감이라는 사실을 충분히 인지하며 저 역시 이 책을 계속해서 읽고 있습니다.

요리책을 여러 권 집필한 어느 소설가가 "부엌에 꺼내 놓아 스튜 국물로 얼룩진 요리책이야말로 좋은 책이다."라고 했습니다. 이 책은 성행위 테크닉 책이 아니니 그런 국물(?)로 얼룩질 일은 별로 없겠지만, 부디 머리맡에 꺼내 놓고 데이트 전날 밤, 유흥업소에 가고 싶지만 월급날까지 힘들게 기다려야 하는 밤, 여자에게 뻥 차인 날 밤에 함께하며 너덜너덜해질 때까지 읽어 주셨으면 합니다. 아, 결혼식 전날 밤에도요. 인기 있는 남자가 되기 위한 길은 평생 이어집니다. 죽을 때까지요.

......으악!

1998년 *나무라 히토시*

| 진짜 에필로그 |

예전에 TBS 라디오의 월간 일요 심야 방송 〈문화계 토크 라디오 Life〉에 출연했을 때, "우리 같은 AV 업계 사람들에게 요요기 다다시 감독은 [위대한 정신적 지도자]이며, 무라니시 도오루 감독은 [신](창조주가 아니라 그리스 신화에 나오는 무지막지한 신)입니다."라고 말한 적이 있습니다.

그리고 여성을 위해 쓴 《왜 당신은 사랑해 주지 않는 사람을 좋아하는지》에서는 요요기 감독의 명언을 인용했지요.

"섹스를 할 때는 상대방의 눈을 바라보자. 상대방의 이름을 부르자."

아주 훌륭한 조언이라고 생각합니다.

요요기 감독은 저의 멘토이자 스승이자 형님과도 같은 분인데, 신기하게도 온몸에서 모성의 향기가 느껴집니다. 우리 AV 업계 사람들의 [어머니] 같은 존재라고나 할까요?

그렇다면 무라니시 감독은 [아버지]겠지요.

여성 독자 여러분께 [어머니]의 말을 전했으니, 이 책의 독자 여러분께는 [아버지]의 말을 전하고자 합니다. 무라니시 감독의 어록 중에는 "나이스네요.", "기다리셨죠? 너무 오래 기다리게 했는지도 모르겠네요. 다리 사이에서는 향기로운 라벤더 향이……."가 유명한데, 이런 명언도 있습니다.

"여음(女陰)은 사랑입니다."

인기가 있든 없든 남자라면 이 말을 가슴에 새기고 살아갑시다. 저도 명심하겠습니다. 가끔은 잊어버린 대가로 쓰라린 아픔을 겪거든요.

니무라 히토시

지은이 니무라 히토시
1964년 출생. 게이오대학을 중퇴했으며 성인 비디오(AV) 감독으로 활동하고 있다.
저서로는 《왜 당신은 사랑해 주지 않는 사람을 좋아하는지》, 《숙녀의 속내》 등이 있다.
AV 작품으로는 〈아름다운 색녀의 입맞춤 그리고 섹스〉,
〈양성의 레즈비언〉, 〈절친과 동성연애!〉, 〈여장 미소년〉 등 다수가 있다.
성인물 유통 업체인 소프트온디멘드에서
'초보 감독 에로 교실'의 고문으로 참여하고 있다.

옮긴이 김나랑
고려대학교와 아오야마가쿠인대학교에서 일본어와 일본 문학을 공부했다.
기업에서 근무하다가 외국어를 우리말로 옮기는 일에 매료되어 번역가로 전향했으며,
현재 유익한 서적을 찾아 소개하는 일에 힘쓰고 있다.
옮긴 책으로는 《푸니쿨리 푸니쿨라》, 《이 거짓말이 들통나기 전에》,
《대자연과 컬러풀한 거리, 아이슬란드》, 《생각하지 않는 부엌》 등이 있다.

오빠 이제 그런 사람 아니다

인쇄 2019년 3월 15일
발행 2019년 3월 22일

지은이 니무라 히토시
옮긴이 김나랑
펴낸이 안중용

편집 안중용 | **디자인** 이상량 | **마케팅** 유인철

펴낸곳 비빔북스 | **출판등록** 2015년 6월 19일 제2015-000026호
주소 서울특별시 양천구 중앙로 48길 50-1, 401호
전화 02-2693-7751 **팩스** 02-2653-7752
이메일 bibimbooks@naver.com

ISBN 979-11-89692-01-8 03190

＊책값은 뒤표지에 있습니다.
＊이 책은 저작권법에 의하여 보호를 받는 저작물이므로 무단 전재와 복제를 금합니다.

이 도서의 국립중앙도서관 출판예정도서목록(CIP)은 서지정보유통지원시스템 홈페이지(http://seoji.nl.go.kr)와
국가자료공동목록시스템(http://www.nl.go.kr/kolisnet)에서 이용하실 수 있습니다.(CIP제어번호:CIP2019009604)